하나님,
어떻게 해야 할까요?

일러두기

본문에 수록한 성경은 개역개정을 기본으로 하되
다른 버전을 인용한 경우 별도 표기하였습니다.

도무지 길이 보이지 않을 때, 우리가 해야 할 고백

하나님, 어떻게 해야 할까요?

전대진 지음

하온

프롤로그

2021년 12월 29일, 출간 감사예배를 드릴 때였습니다.
당시 대구동신교회 청년 아포슬 디렉터인 김대경 목사님이
잠언 3장 1~6절 말씀을 가지고 설교를 해주셨는데,
6절 말씀에 대한 메시지를 듣고 큰 충격을 받았습니다.

너는 범사에 그를 인정하라
그리하면 네 길을 지도하시리라 잠 3:6

저는 오랜 시간 이 말씀을 이렇게 이해했습니다.
'우리가 A와 B 중에서 하나를 선택해야 하는
갈림길에 있을 때 기도를 하면,
하나님께서 내가 어느 길로 갈지 가르쳐주시고 Teaching,
이끌어주시고 Leading, 인도해주신다 Guiding.'
그런데 목사님이 히브리어 원문과 영어 성경을 바탕으로

말씀해주신 의미는 제가 알고 있는 것과 전혀 달랐습니다.

in all your ways acknowledge him,
and he will make your paths straight. NIV 성경

특히 하반절을 보고 깜짝 놀랐습니다.
"he will make your paths straight."
범사에 하나님을 인식하고, 의식하고, 인정하는 사람,
모든 일에서 하나님이 주인 되심을 인정하는 사람잠 3:5의 길을
하나님이 곧게, 즉 형통케 하신다는 겁니다.

저는 오래도록 이 말씀을 묵상했습니다.
그리고 곰곰이 생각했습니다.
'내가 의사결정을 해야 하는 순간,
가장 많은 시간을 보내는 일터에서
어떤 기도를 가장 많이 하지?'
그러면서 깨달았습니다.
'하나님, 어떻게 해야 할까요?'
제가 매번 이렇게 질문한다는 것을요.

그리고 이 책은 이런 시간을 거치며 나오게 되었습니다.

어떤 상황에서든지 가장 먼저 하나님께 묻는 태도는
하나님을 주인으로 인정하는 태도입니다.
하나님 앞에서의 태도Attitude가
인생의 고도Altitude를 결정합니다.
그렇다면 하나님께서 '어떤 방법'으로
나의 길을 곧게 하시는 걸까요?

첫째, 올바른 방향을 알려주십니다.
'인생은 속도보다 방향이 중요하다'라는 말이 있습니다.
그런데 한국에서는 이 말의 뜻을 오해하고
'빨리 안 가도 된다'는 식으로
받아들이는 경우가 많아 보입니다.
물론 인생에서 속도보다 방향이 더 중요한 건 맞습니다.
잘못된 방향으로 가면
너무 많은 시간과 자원을 허비하게 되니까요.
하지만 속도보다 방향이 중요한 진짜 이유는,
방향이 올바르고 명확할 때

비로소 속도를 낼 수 있기 때문입니다.
빌립보서 3장 14절 말씀에서 바울은 "푯대를 향하여
그리스도 예수 안에서 하나님이 위에서 부르신
부름의 상을 위하여 달려가노라"라고 했습니다.
우리가 달려가야 할 명확한 푯대(방향)가 있을 때
비로소 우리는 열심으로 선을 행하고
열심으로 주를 섬길 수 있습니다. 롬 12:11
하나님이 들어 쓰신 사람들은 기질과 성향, 성격을 뛰어넘어
'하나님 앞에서의 열정'이 있었습니다.
그 열심과 열정적인 속도는 명확한 방향에서 나옵니다.
하나님께서 알려주신 올바른 방향을 향해
달려가는 사람은 인생이 단순해집니다.
주님이 주신 사명이 기준이 되기 때문에
모든 의사결정이 단순해지고 명확해집니다.

둘째, 올바른 방법을 알려주십니다.
하나님은 우리 마음에 소원을 주시고,
하나님이 기뻐하시는 뜻을 이루시기 위해
우리 안에서 행하시며,

우리가 그 소원을 품고 구체적인 행동을 하도록
인도하십니다. 빌 2:13
하나님은 우리에게 지도만 던져주시면서
가야 할 곳만 알려주시는 분이 아닙니다.
이사야서 9장 6절에서 예수님은
'놀라우신 조언자 Wonderful Counselor',
영어성경에서 성령님을 뜻하는 보혜사는 'Counselor(상담자)',
'Comforter(위로자)', 'Helper(돕는 자)'라고 나옵니다.
성령님은 지혜의 영이고, 예수님은 지혜의 왕입니다.
우리는 살면서 의사결정을 해야 할 때, 구체적인 지침과 원칙,
실제적인 전략이 필요할 때가 많이 있습니다.
그때마다 우리에게는 실제적인 조언을 해줄
지혜로운 멘토가 필요합니다.
우리 인생에서 최고의 멘토는 주님이십니다.

지혜가 제일이니 지혜를 얻으라
네가 얻은 모든 것을 가지고 명철을 얻을지니라 잠 4:7

너희 중에 누구든지 지혜가 부족하거든

모든 사람에게 후히 주시고 꾸짖지 아니하시는
하나님께 구하라 그리하면 주시리라 약 1:5

나를 사랑하는 자들이 나의 사랑을 입으며
나를 간절히 찾는 자가 나를 만날 것이니라 잠 8:17

위 말씀에서 '지혜'를 지혜의 왕 되신 '예수님'으로,
'나'를 '예수님'으로 바꿔서 읽어보십시오.
주님은 놀라우신 조언자로서 우리 삶의 중요한 순간마다
올바른 방법을 알려주실 것입니다.

셋째, 눈앞의 장애물을 치워주십니다.
길을 곧게, 평탄하게 만들기 위해서 정리정돈을 하듯,
하나님은 우리 앞의 장애물을 이용하시기도 하고
장애물을 치워주시기도 합니다.
하나님은 다윗과 골리앗 사건에서
물맷돌을 통해 골리앗이라는 장애물을 치워주셨습니다.
여리고 사건에서는 철옹성 같던 여리고 성을 통해
이스라엘 백성의 믿음을 훈련시키셨고

그 믿음의 약속으로 여리고 성을 무너지게 하셨습니다.
하나님은 장애물을 대개 우리의 믿음을 훈련시키시는
연단의 도구로 활용하시기도 하고,
연단 프로그램을 통과한 수료증으로 그 장애물을 치워주십니다.
'정리'라는 말은 '제거한다'는 것을 넘어
'소중한 것만 남긴다'는 의미를 담고 있습니다.
'정돈'이라는 말은 '자기가 있어야 할 정위치에
있어야 할 것을 배치해둔다'는 의미를 가지고 있습니다.
하나님은 우리 삶의 순간순간마다 장애물을 도구로 쓰시고,
그 도구의 활용이 끝나면 직접 치워주시기도 합니다.
또한 우리가 있어야 할 자리에 배치하도록 해주십니다.
주님이 쓰시기에 가장 편한 위치에, 주님의 마음이 향하는 곳에
언제든 '주님, 저 여기 있습니다. 말씀만 하십시오.
제가 듣고 순종하겠습니다'라는 자세로 5분 대기조로 있는 것.
저는 이러한 자세로 사는 삶이
'주님이 쓰시기에 정리정돈된 인생',
'귀하게 쓰임 받는 인생'이라고 생각합니다.

넷째, 새로운 길을 만들어주십니다.

"지식 없는 소원(열심)은 선하지 못하고
발이 급한 사람은 잘못 가느니라"잠 19:2는 말씀이 있습니다.
다시 말해 지식이 없는 훈련은 맹목적이게 되고
훈련이 없는 지식은 쓸모가 없습니다.
하나님이 주신 마음의 소원은 대개
단기적으로 이루어지기보다는
장기레이스인 경우가 대부분입니다.
그렇다면 이를 위한 역량 개발이 반드시 필요합니다.
이전에는 감당할 수 없었던 일들을 능히 감당하고,
다른 사람의 유익을 구하고, 그들을 섬기면서
선한 영향력까지 끼칠 수 있으려면
반드시 '비전에 걸맞는 훈련'이 필요합니다.
훈련을 한다고 해서 곧바로 실력으로 드러나진 않습니다.
하지만 반드시 해야 할 일입니다.
역량의 범위가 넓어지면 그만큼 우리를 통해
유익을 얻을 수 있는 사람도 많아지고,
기회의 범위가 넓어집니다.
저 역시 '이걸 꼭 해야 할까?' 하는 생각이 든 적이 있습니다.

그런데 작은 일이라도 꾸준히 지속하다 보니
확실히 차이가 났습니다.
내 생각을 뛰어넘어 하나님이 일하신 것입니다!
이때 우리가 경계해야 할 것이 있으니, '조급함'입니다.
잠언에서 '조급한 마음'은 '교만한 마음'과
똑같이 경계하는 부분입니다.
조급함이 이루어주는 건 아무것도 없습니다.
마음이 급하면 일을 그르치기 마련입니다.
물론 하나님은 우리의 실수를 통해서도 일하십니다.
하지만 그렇다고 주님이 알려주신 바른길을 무시한 채
일부러 실수하는 건 어리석습니다.

저는 20대 때 머릿속으로 이미 A와 B라는 선택지를 정해두고
'하나님, A랑 B 중에 어떤 길로 가야
성공할 수 있는지 알려주세요' 하고 기도했습니다.
지금 돌아보면 참으로 얄팍한 생각입니다.
물론 하나님 앞에서 하는 기도는 다 의미가 있습니다.
그런데 하나님의 은혜를 경험하는 날이 점점 늘어가면서,
내 작은 생각으로 하나님을 제한하고

내 상식선 안에 하나님의 일하심을 가둬두는 것이야말로
교만이라는 것을 깨닫게 되었습니다.
그때부터 저는 하나님이 내 생각과 내 계획과 내 방법을
뛰어넘어 역사하실 것이라는 믿음으로 기도하며
최선을 다해 나아갔고, 그때 비로소 하나님께서
새로운 길을 만드셨습니다.
분명 인간적인 눈으로 봤을 때 길이 없는 곳이었는데,
그 캄캄한 곳을 주님과 동행하자
친히 밝은 빛을 비춰주시고 광야에 길을,
사막에 강을 내셨습니다.
'Way Maker'이신 하나님이 나의 하나님이 되어주셨습니다.

이 모든 일의 시작은 바로 이 기도에서 출발했습니다.
"하나님, 어떻게 해야 할까요?"
이 물음, 이 기도가 우리의 일상에서
가장 먼저, 가장 자주 해야 할 고백인 줄 믿습니다.

하나님이 당신의 삶 가운데 놀라운 일을 행하시고,
새로운 길을 만드시길 기도합니다.

프롤로그 • 004

1장
성령과 함께하는 인생은

믿음이 길을 낸다 • 020
가장 잘 살고 있는 인생 • 022
두려워할 것은 딱 하나 • 024
하나님이 쓰시는 사람의 특징 • 026
오늘을 최고의 날로 만드는 방법 • 028
사냥하지 말고 사랑하라 • 029
길을 잃어버렸을 때 • 032
기억해야 할 것 • 034
하나님께 가치 있고 소중한 것 • 035
어떻게 기도해야 할까? • 036
리스트업 • 037
야망과 비전 구분법 • 038
운명을 걸어야 할 곳 • 039

차례

충성의 의미 • 042
은혜를 더 생생히 느끼는 법 • 044
왜 기도해야 할까? • 046
하나님, 진짜 듣고 계신가요? • 047
힘들고 괴로울 때 기억해야 할 세 가지 • 049
주님은 주님이시다 • 050
알기 전과 알고 난 후 • 051
마음이 꺾였을 때 • 052
믿음의 사람이 되는 세 가지 방법 • 053
나를 힘들게 하는 사람들 • 055
같은 예수를 믿는데 다른 이유 • 056
하나님께 없는 것 • 060
간증이 넘치는 인생의 비결 • 061
사랑을 통해 배울 수 있는 것 • 063
부지런함에 대한 다섯 가지 지혜 • 065
조급함에 대한 네 가지 지혜 • 067
진짜로 요셉처럼 쓰임 받는 법 • 069
기록된 말씀에서 사는 말씀으로 • 077

2장
구령의 열정과 비전을 품고

하나님의 의도 • 084
상처가 아닌 연단 • 086
근거 있는 자신감 • 089
더 높은 기준 • 092
기도와 시도는 하나다 • 093
크리스천의 인생 최적화 • 096
기억해야 할 네 가지 돌 • 099
최선을 다할 수 있는 은혜 • 100
귀하게 쓰임 받는 사람의 특징 • 101
서로 다른 전문성 • 102
하나님을 사랑한 흔적 • 103
무엇을 곱씹으며 살 것인가 • 104
하나님의 일하심 • 106
최고의 행복을 누리는 사람 • 108
사람 안 변한다는 말은 틀렸다 • 109
하나님이 은혜를 베푸시는 사람 • 110
반복되는 문제의 이유 • 112
완벽이 아닌 완료를 추구하는 삶 • 114
내 뜻대로 되지 않는 축복 • 115

인생의 반전이 필요할 때 • 120
진정한 영향력 • 124
그리스도인의 성공관 • 126
물 한 잔 vs 바다 • 133

3장
하나님과 함께 가장 완전한 길로 간다

하나님이 시켜주시는 성공 • 136
성령 충만을 지속하는 세 가지 방법 • 144
블레싱 파이프 • 146
기도를 통해 역사하시는 하나님 • 154
축복이 축복으로 돌아오는 기적 • 161
쓰임 받기 위해 우리가 해야 할 일 • 166
하나님은 어떤 사람의 소원을 이루어주실까? • 172
매일 주님과 동행하며 가슴 뛰게 사는 법 • 175
일터에서 하나님과 동행하면 어떤 일이 벌어질까? • 181
하나님과 '동행'하는 것과 하나님과 '교제'하는 것의 차이 • 193
하나님이 쓰시는 사람에게는 계획이 있다 • 198
하나님이 책임져주시는 인생 • 208

1장 __ 성령과 함께하는 인생은

2장 __ 구령의 열정과 비전을 품고

3장 __ 하나님과 함께 가장 완전한 길로 간다

믿음이 길을 낸다

내가 할 수 있는 일이 아무것도 없을 때,
그때가 하나님이 일하시기 시작하는 순간이다.
도저히 나아갈 길이 보이지 않아 막막할 때,
그때가 하나님이 새로운 길을 내시는 순간이다.
자신에게 이해할 수 없는 일들이 계속 일어나고 있다면
하나님이 그 시간을 통하여
깨달음을 주시려는 것일 수도,
새로운 스토리를 만들어가길
원하신다는 의미일 수도 있다.

철옹성인 여리고 성을 무너뜨릴 길이 있었다.
아둘람 굴로 들어가면 땅 속에 길이 있었다.
앞에서 홍해가 막고 뒤에서 군대가 추격하면

바닷 속에 길이 있었다.
폭풍에 배가 뒤집힐 것만 같을 때,
예수님을 바라보면 물 위에 길이 있었다.
모두가 골리앗의 큰 덩치를 보며 두려움에 떨 때,
하나님과 늘 동행하는 다윗의 눈에는
골리앗의 강점을 보며 그를 쓰러뜨릴 길을 찾았다.
'크니까 맞추기 쉽다!'
하나님은 그분을 진정으로 찾고 믿는 사람들을 통해
언제나 새로운 길을 만드신다.
믿음이 길을 낸다.
하나님의 시선으로 바라보면 어디든 길이 있다.

가장 잘 살고 있는 인생

형통한 인생은
주님과 연결되고, 날마다 주님 안에 거하고,
주님께서 그 인생 가운데 역사하셔서
풍성한 열매를 맺는 인생이다.

내가 할 일은 이미 정해졌다.
주님께 늘 붙어 있기만 하면 된다.
그럼 열매는 내 안에 계신 주님이 책임지신다.
하나님이 주인 되고, 예수님이 주인 되면
이미 세상에서 가장 잘 살고 있는 인생이다.

주님께 연결된 인생은
주님으로부터 지속적으로 새로운 힘을 공급받지만

주님과 분리된 인생은
살아 있는 것 같아도 실상은 죽은 것과 같다.

두려워할 것은 딱 하나

오랜 시간 하나님께
"하나님, 제게 복을 주세요!"라고 기도하곤 했다.
그런데 진짜 복은 기도 응답이 아니라
기도를 통해 하나님께 더 가까이
나아가는 일이라는 걸 깨달았다.

난로 가까이에 있는 사람은 추위를 두려워할 필요가 없고,
식량을 미리 쌓아둔 개미는
겨울을 두려워할 필요가 없다.
복 자체이신 하나님 안에 거하는 사람은
그 무엇도 두려워할 필요가 없다.
단 하나 두려워할 것은 오직 하나님으로부터
스스로 멀어지는 것이다.

'만복의 근원' 되신 하나님께 더 가까이 나아가면
하나님은 복을 주시는 걸 넘어
내 존재 자체를 복이 되게 하신다.
나아가 그 복이 나를 채우고 넘쳐
결국 온 주변으로 흘러가는
'축복의 통로'로 살게 하신다.

하나님이 쓰시는 사람의 특징

하나님은 어떤 사람을 쓰실까?
성경에서는 세 가지로 가르쳐주고 있다.

첫째, 매 순간 하나님의 뜻을 묻고
그분을 의지하며 신뢰하는 사람.
그리고 기대하는 사람.

내가 주를 의뢰하고 적군을 향해 달리며
내 하나님을 의지하고 담을 뛰어넘나이다 시 18:29

둘째, 하나님의 '청지기'로서 큰일이든 작은 일이든
중요한 일이든 하찮은 일이든
무슨 일을 하든지 마음을 다해 주께 하듯 하는 사람.

무슨 일을 하든지 마음을 다하여 주께 하듯 하고
사람에게 하듯 하지 말라 골 3:23

셋째, 삶의 모든 영역에서 주님과 동행하고,
날마다 주님 안에 거하고,
성령께서 역사하셔서 열매를 풍성히 맺는
변화와 간증이 있는 사람.

나는 포도나무요 너희는 가지라 그가 내 안에,
내가 그 안에 거하면 사람이 열매를 많이 맺나니
나를 떠나서는 너희가 아무것도 할 수 없음이라 요 15:5

오늘을 최고의 날로 만드는 방법

성경에 "세월을 아끼라"는 말씀이 있다. 엡 5:16

나는 오랫동안 이 말씀을 '시간을 아껴 쓰라 save time'는 뜻으로 이해했다.

그런데 영어 성경에는 이렇게 쓰여 있다.

"Making the most of every opportunity."

하나님이 주신 모든 기회를 최대한 활용하라는 뜻이다.

하나님이 주신 가장 소중한 '선물 Present'은

'현재 The Present'임을 기억하며

오늘도 내게 주어진 일에 온 마음과 정성을 다해야 한다.

사냥하지 말고 사랑하라

'이웃 사랑을 실천하기 위해 먼저 지혜롭게
입술을 사용하자'는 주제로 생방송할 때의 일이다.
방송 중에 청취자 한 분이 문자 참여를 하며
'오늘도 이웃을 사낭하겠습니다'라고 묘한 오타를 냈다.
'사랑'을 '사낭'으로 보내온 것이다.
그 와중에 나는 글씨가 작아 '사냥'으로 보였다.

문득 이런 생각이 들었다.
'내가 사랑이라 생각해서 한 말이
상대방에게는 사냥으로 느껴질 수도 있겠다.
사냥하지 말고, 사랑해야지.'
관계가 형성되어 있지 않은 상태에서
문제에 대해 진단부터 내리고 조언하려는 것은

상대방에게 사랑이 아니라
사냥으로 느껴질 수 밖에 없다.
안타까운 것은 사람들이 상처를 주고도
'성숙하지 못하다' '인내력이 약하다'
'내성을 길러라'는 식으로
피해자에게 문제가 있는 듯 말한다는 것이다.
그것은 상처받은 사람이 스스로에게 다짐하고
결단해야 할 부분이지,
가해자나 제삼자가 할 말이 아니다.
피해자를 자꾸만 가르치려 드는 자세는 곧
자신이 교만하다는 증거다.
평소 관계가 잘 형성된 사이에서는
사랑하는 마음에서 권면을 할 수 있다.

그럴 때 권면을 들은 사람은
'아, 이 사람이 나를 정말 생각해줘서 하는 말이구나'하고
오히려 고마움을 느낀다.

길을 잃어버렸을 때

변화무쌍한 인생에서 길을 잃어버렸을 때는
내 감정이나 상황이 아니라
영원히 변하지 않는 '기준'이 되는
'하나님의 말씀'을 따라야 한다.

세상은 자꾸만 '기준'을 없애려 하지만,
올바른 기준을 가진 사람은
무엇이 옳고 그른지를 알 수 있다.
무엇이 옳고 그른지를 아는 사람은
분명한 소망을 가질 수 있다.
그리고 분명한 소망을 가진 사람은
넘어져도 '다시 일어설 수 있는 용기'가 있다.
세상을 살다 보면 누구나 실패할 수 있다.

하지만 진짜 실패는
넘어졌을 때 다시 일어날 용기와 소망이 없는 것이다.
하나님만이 우리 인생의 참 소망이 되신다.

기억해야 할 것

아무런 공로 없이 구원과 은혜를 선물로 받았기에
때로 그것을 너무도 가볍게 생각하는 것 같다.
우리에게 진정한 자유와 기쁨과 평안을 주시기 위해
예수님께서 어떤 대가를 지불하셔야 했는지를 기억하며
항상 그 크신 사랑에 감사하길 소망한다.

하나님께 가치 있고 소중한 것

'얼마나 소유했고 쌓았느냐'는 중요하지 않다.
하나님께서 나를 보내신 부르심의 자리에서
'얼마나 나누었고 사랑했느냐'가 가치 있다.

내가 하나님으로부터
'얼마나 많은 복을 받았느냐'보다는
하나님을 위해
'무엇을 내려놓았느냐'가 더 아름답고 소중하다.

하나님께 인정받고, 하나님이 보시기에
진정 아름답고 가치 있는 인생이 되길 기도하자.

어떻게 기도해야 할까?

크리스천의 기도에는 세 가지가 들어가야 한다.

"주님, 이 일(삶의 모든 문제, 사람, 상황)을 통해
제가 무엇을 배우길 원하십니까?"

"주님, 모르면 배우겠습니다. 가르쳐주십시오.
주님의 뜻을 분별할 수 있는 지혜를 주십시오."

"주님, 말씀하십시오. 제가 듣고 순종하겠습니다.
나를 통해 주님의 뜻이 이루어지게 해주십시오."

리스트업

생각이 길어지면 염려가 깊어지고,
기도가 길어지면 믿음이 깊어진다.

내 안의 모든 걱정, 근심, 염려, 불안,
두려움을 몰아낼 수 있는 힘은
주님 앞으로 나아가는 기도에 있다.
걱정할 시간에 기도하자.
걱정거리를 기도제목으로 바꾸면
'나의 기도 리스트'는
고스란히 '주님의 투두 to do 리스트'가 된다.

야망과 비전 구분법

하나님이 주신 비전을 품은 사람과
세상이 준 야망을 품은 사람은 공통점이 있다.
부지런히 노력하고 자기 분야에서 능숙하며
항상 도전하고 끊임없이 배우는 자세로 임한다는 점이다.
반면 두 사람의 차이점은
그 노력의 목적과 결과가 다르다는 것이다.

전자는 배우면 배울수록 하나님의 형상이,
후자는 세상 인간의 모습이 선명해진다.
지금 내가 매일 기울이고 있는 노력과 시간,
마음이 어디를 향하고 있는지 항상 점검하자.
지금 내 마음의 향방이 미래를 결정한다.

운명을 걸어야 할 곳

'브레이크가 고장난 차'의 속도를 높이는 일,
'눈앞에 절벽'이 있는 줄 모르고 직진하는 일,
'연료가 바닥나기 직전'인데 눈앞의 주유소를 지나치고
고속도로 한복판을 달리는 일.
모두 위험천만한 일이다.

'기도하지 않았는데' 일이 잘 풀리거나, 문제가 없고,
'기도하지 않으면서' 바쁘게 지낸다면
잠시 멈춰야 한다.
'하나님 빠진 인생'이 가장 위험하기 때문이다.

하나님이 내 인생의 운전대를 잡으시면
나에게 가장 옳은 방향을 알려주시고,

만나게 될 모든 장애물을 치워주신다.
내 생각에 빙 돌아가는 것처럼 보여도
그분은 내가 모르는 지름길을 잘 알고 계신다.
그리고 가장 안전한 길로 나를 인도하신다.
모든 여정을 함께하시며 필요한 연료를 공급하시고,
기름값도 결제해주신다.
마침내 가장 확실하고 안전하게 가장 아름다운 방법으로
목적지에 도착하게 하신다.

하나님 말씀대로 사는 게 힘들다고들 한다.
그런데 내 마음대로 살면 훨씬 더 힘들다.
당장은 내 마음대로 사는 게 편해 보여도
매 순간 불안하고, 확신도 없고,

모든 책임까지 내가 다 져야 한다.
그러니 하나님 말씀대로 사는 게
내 마음대로 사는 것보다 확실하고 훨씬 안전하다.
인생은 원래 힘든 거다. 세상에 쉬운 일은 없다.
어차피 힘들 거라면 하나님의 말씀대로 사는 게
훨씬 더 지혜롭다.
하나님의 말씀에 내 운명을 걸면
그분이 내 인생을 끝까지 책임지신다.

충성의 의미

주인(주님)이 맡긴 달란트를 배가시킨 종(우리)에게 주인은
"잘하였도다, 착하고 충성된 종 good and faithful servant 아!"
라고 칭찬한다.
반대로 아무것도 안 하고 묵혀둔 종에게는
'악하고 게으른 종아!'라고 책망한다.
Faithful은 '충실한, 충직한, 신의가 있는'이란 의미다.
'충실하다'는 '성실하다'는 말에서 비롯되었는데,
나에게 어떤 임무를 맡긴 존재가 있고
그 임무를 달성하기 위해 최선을 다하면
성실이 충실(충성)로 확장된다.

'충실'은 그 일을 맡긴 주인의 뜻을 이루기 위해
할 수 있는 모든 힘을 발휘해 온 정성을 다하는 것이다.

그게 바로 '충성'이다. 목적과 이유 있는 열심이다.

내 눈이 이 땅의 충성된 자를 살펴 나와 함께 살게 하리니
완전한 길에 행하는 자가 나를 따르리로다 시 101:6

내 종 모세와는 그렇지 아니하니 그는 내 온 집에 충성함이라 민 12:7

그리고 맡은 자들에게 구할 것은 충성이니라 고전 4:2

'충성'은 근면 성실을 모두 포함한다.
따라서 크리스천은 하나님의 뜻을 이루기 위해
기본적으로 열심히 살아야 한다.

은혜를 더 생생히 느끼는 법

하나님을 더 알아가고 사랑할수록
더 크게 보이는 두 가지가 있다.
하나는 내가 '죄인'이라는 사실이다.
자신이 죄인임을 알면
내 민낯과 바닥을 발견하게 된다.
다른 하나는 하나님의 '은혜'다.
죄인인 내게 베풀어주신 한량 없는 은혜를 통해
하나님의 사랑이 얼마나 큰지를 발견한다.
바로 여기에 은혜를 누리는 법이 숨어 있다.

하나님의 은혜가 더 크게 보이고
나의 죄인 됨이 더 크게 보일수록
십자가의 은혜가 더 크게 보인다.

하나님의 크신 사랑을 찬양하고
하나님 앞에서 나를 계속 낮추면
십자가의 사랑은 더 크게 보인다.

내 인생에서 예수 그리스도의 십자가가
더 크게, 더 선명하게 드러나는 것이
평생의 기도제목이다.

왜 기도해야 할까?

'어차피 하나님 뜻대로 될 거라면
왜 내가 기도해야 할까?'라는 의문을 가진 적이 있다.
그런데 생각해보면 '어차피 죽는데
왜 밥을 먹어야 할까?'라는 질문이나 다름없다.
생명체는 영양소를 섭취해야 생존할 수 있다.
그것이 삶을 사는 방식이고 하나님의 창조 질서다.
기도하는 자를 통해 하나님의 뜻을 이루어가신다.
이것 역시 하나님이 일하시는 방식이며 질서다.

하나님, 진짜 듣고 계신가요?

살다 보면
아무리 기도해도 하나님이 내 기도를
진짜로 듣고 계신지 모르겠다는 생각이 들 때가 있다.
어느 순간 기도도 안 나오고, 기도하기 싫을 때도 있다.
기도할수록 상황이 오히려 더 나빠지면
도대체 내게 왜 이런 일이 일어났는지
신앙생활에 대한 깊은 회의와 의문이 생길 때도 있다.

그때 우리가 구해야 할 것은
하나님의 긍휼이다.
나를 불쌍히 여기시는 하나님의 은혜를 구하며
하나님의 임재 안에 거해야 한다.
상황과 감정이 힘들수록

더욱 예배를 사모하며
하나님이 주신 약속의 말씀을 붙잡고
눈물로 기도해야 한다.
하나님은 그러한 깨진 마음을 외면하지 않으신다.

하나님께서 구하시는 제사는 상한 심령이라
하나님이여 상하고 통회하는 마음을
주께서 멸시하지 아니하시리이다 시 51:17

힘들고 괴로울 때
기억해야 할 세 가지

하나, 하나님은 모두 아신다.

하나님은 내 모든 생각, 내가 처한 상황,

형편을 다 알고 계신다는 사실이다.

둘, 하나님은 전능하시다.

하나님은 모든 일을 능히 행하시고

나를 도우실 수 있는 분이라는 사실이다.

셋, 하나님은 지금 여기 계신다.

하나님은 지금 여기,

힘들어하는 내 곁에서 함께하고 계신다는 사실이다.

주님은 주님이시다

사람이란 존재는
타인의 불치병보다 자신의 감기를 더 크게 여긴다.
타인의 고통보다 자신의 고통을 훨씬 더 크게 느낀다.

예수님은 사람과 달랐다.
자신이 가장 비참하게 배신당하고
참혹하게 고통받았음에도
십자가에 못 박힌 상태에서
저들을 용서해달라고 기도하셨으니 말이다.

알기 전과 알고 난 후

하나님이 나를 사랑하신다는 사실이
큰 감동으로 다가오는 사람이 있고,
별 감흥이 없는 사람이 있다.

복음이 누군가에게는 모든 것을 이기게 하는
하나님의 능력이고, 어떤 상황에서도
기쁨과 평안을 누리게 하는 선물이지만,
또 누군가에게는 복음을 알기 전후가
별 차이가 없는 그저 말씀에 불과하다.
나는 과연 어느 쪽일까?

마음이 꺾였을 때

마음이 꺾여서 아무것도 하기 싫을 때가 있다.
그때는 나의 힘이 되시는 하나님께 더 나아가야 한다.

하나님이 임재하는 예배의 자리에 가면
하나님이 새 힘을 주시고,
하나님의 관점으로 인생을 바라보게 하신다.

내 연약함을 인정하고 하나님을 의지할 때
놀라운 은혜가 임한다.

믿음의 사람이 되는 세 가지 방법

첫째, 하나님 말씀을 경청한다.
잘 들어야 하나님 뜻을 알 수 있기 때문이다.

둘째, 하나님 말씀을 기억한다.
말씀이 기억나야 순종할 수 있기 때문이다.

셋째, 하나님 말씀에 순종한다.
순종할 때 하나님이 일하시기 때문이다.

믿음은 결정적인 순간에 드러난다.
한 사람이 선택하는 걸 보면,
그 마음이 어디를 향해 있는지 알 수 있다.
내 마음이 어디를 향하는지 아는 방법은

내가 평소에 가장 자주,
가장 많이 생각하는 대상이 무엇인지를 보면 된다.
사랑한다는 말은
가장 많이 생각한다는 뜻이기 때문이다.

"제가 할 수 있을까요?"라고 기도하면
하나님은 "내가 할 것이다"라고 들으신다.
"저는 할 수 없습니다"라고 기도하면
하나님은 "나는 모든 것이 가능하다"라고 하신다.
내가 어떤 상황, 상태에 있든지 하나님은 하실 수 있다.
믿음의 사람은 주어가 바뀐 사람이다.
주어가 주님인 사람은 모든 것을 할 수 있다.

나를 힘들게 하는 사람들

바람은 눈에 보이지 않지만
바람의 방향과 속도는 '풍향계'와
'풍속계'를 통해 알 수 있다.

나를 향한 하나님의 뜻은 보이지 않지만,
하나님이 어떤 부분에서 어떻게 나를 다듬어가시는지는
'하나님이 보낸 사람들'을 통해 알 수 있다.

나를 가장 힘들게 하는 사람들…
그들이 내 훈련 과목이다.

같은 예수를 믿는데 다른 이유

지금 이 시대는 무기력과 패배주의, 허무주의,
물질만능주의에 빠져 있다.
그럼에도 사람들에게 선한 영향력을 끼치는
인생을 살고 싶어
비전을 품고 기도하는 귀한 청년들이 있다.
그 비전이 현실이 되는 법은 단순하다.
내 인생에서 주님이 가장 큰 영향력을 행사하시도록
주님께 나를 내어드리는 거다.

주님이 인생의 주인 되시고
주님이 모든 걸음 가운데 함께하심을
신뢰하며 의지하는 사람은,
자신이 가진 생각의 크기가 아니라

주님이 부어주시는 감동의 크기만큼 꿈꾼다.
그리고 비범한 기도를 하게 된다.
지금 내 모습과 한계를 보는 것이 아니라
주님의 역사하심을 기대하며 기도한다.

비전이 망상이 되지 않고, 실현되는 사람은
모든 일상 속에서 신뢰함으로 주님과 동행한다.
모든 현장에서 주님의 일하심과 도우심을 위해 기도하고,
자신에게 주어진 모든 일을 주께 하듯 하며,
지금의 상황에서 할 수 있는 최선의 노력을 쏟아내며
믿음으로 시도한다.

굳이 많은 사람에게 영향력을 끼치려고 애쓰지 않아도

주님을 주인으로 삼은 사람은
주님이 그의 삶을 통해 생생하게 일하신다.
그 일하심을 보는 과정에서 사람들이 변화된다.
그것이 영향력이다.
주님이 내게 최고의 영향력을 행사하시면,
그다음은 내 안에 계신 주님이 이루어가신다.

보이지 않는 주님을 생생하게 믿을수록,
눈에 보이는 내 삶은 점점 변화된다.
똑같이 예수를 믿어도
실감나게 믿으며 은혜를 누리는 사람이 있는가 하면
그렇지 못하는 사람이 있다.
나를 주님께 내어드릴수록

주님의 은혜를 더 많이 누리게 되고,
그럴수록 더 큰 영향력을 만들어낸다.

하나님께 없는 것

하나님의 역사하심에는 제한이 없고,
하나님의 시간에는 늦음이 없다.

인간적인 시각으로 바라봤을 때
최악이고 위기로 보이는 그 상황이,
하나님께는 일하실 기회이고
하나님의 그릇으로 빚어지는
최고의 환경과 타이밍일 수 있다.

길이 보이지 않을 때는
길 되신 주를 바라보면 된다.

간증이 넘치는 인생의 비결

하나님이 기뻐하시는 일을 하면,
하나님이 그 일 가운데 함께하고 도우신다.
그래서 쓰임 받는 사람들은
날마다 하나님의 도우심을 경험하고
간증이 넘친다.

고기도 먹어본 사람이 맛을 안다.
하나님의 선하심과 도우심을 맛본 사람은
하나님이 기뻐하시는 일과 현장에 계속 자신을 밀어넣는다.
그 방법은 아래 다섯 가지를 무한반복하는 것이다.

첫째, 하나님이 기뻐하시는 일을 하겠다는
소원을 품고 기도한다.

둘째, 일을 할 때 하나님의 도우심을 구한다.
셋째, 하나님의 인도하심과 도우심을 경험한다.
넷째, 하나님의 도우심에 감사하고 간증한다.
다섯째, 하나님의 기쁨을 위해 더 많은 것을 구한다.

사랑을 통해 배울 수 있는 것

사랑하면 자꾸 보고 싶고, 함께하고 싶고,
시간이 너무 빨리 가서 아쉽고,
늘 생각이 나서 뭐든 해주고 싶다.
분명 줬는데 받은 것 같고,
가장 좋은 걸 주고 싶고,
건강하게 잘 살아주는 것만으로 고맙다.
아프다고 하면 내가 대신 아파주고 싶다.
예수님은 죽기까지 우리를 사랑하셨다.
사랑하면 주님의 심정을 배울 수 있다.

가장 사랑했던 사람이 가장 큰 상처를 준다.
가장 가까이 있는 사람이 내 마음을 가장 몰라준다.
가장 믿고 신뢰했던 사람이

결정적인 순간에 내게 등을 돌린다.
사람이라는 존재가 원래 그렇다.
십자가에 달리신 예수님도 그렇게 배신당하셨다.
사랑하면 주님의 심정을 배울 수 있다.

부지런함에 대한 다섯 가지 지혜

잠언에서 말하는 부지런한 사람에게는
다섯 가지 특징이 있다.

첫째, 부지런한 사람의 마음은
원하는 것을 풍족하게 얻는다.

게으른 자는 마음으로 원하여도 얻지 못하나
부지런한 자의 마음은 풍족함을 얻느니라 잠 13:4

둘째, 신중한 계획으로 성실하게 일해 부유하게 된다.

부지런한 자의 경영은 풍부함에 이를 것이나
조급한 자는 궁핍함에 이를 따름이니라 잠 21:5

셋째, 손이 부지런하면 부유하게 된다.

손을 게으르게 놀리는 자는 가난하게 되고
손이 부지런한 자는 부하게 되느니라 잠 10:4

넷째, 귀한 재물을 얻고 재산을 모은다.

게으른 자는 그 잡을 것도 사냥하지 아니하나니
사람의 부귀는 부지런한 것이니라 잠 12:27

다섯째, 사람을 다스리게 된다.

부지런한 자의 손은 사람을 다스리게 되어도
게으른 자는 부림을 받느니라 잠 12:24

조급함에 대한 네 가지 지혜

잠언에서는 조급함에 대한
네 가지 지혜를 언급하고 있다.

첫째, 말을 성급하게 하는 사람보다
미련한 사람에게 희망이 있다.

네가 말이 조급한 사람을 보느냐
그보다 미련한 자에게 오히려 희망이 있느니라 잠 29:20

둘째, 마음이 조급한 사람은
자기의 어리석음을 드러낸다.

노하기를 더디 하는 자는 크게 명철하여도

마음이 조급한 자는 어리석음을 나타내느니라 잠 14:29

셋째, 신중한 계획과 성실함 없이
조급하게 진행하면 일을 그르친다.

부지런한 자의 경영은 풍부함에 이를 것이나
조급한 자는 궁핍함에 이를 따름이니라 잠 21:5

넷째, 쉽게 화를 내면 늘 문제를 일으킨다.

분을 쉽게 내는 자는 다툼을 일으켜도
노하기를 더디 하는 자는 시비를 그치게 하느니라 잠 15:18

진짜로 요셉처럼 쓰임 받는 법

중학생 때 처음 교회에 가서 들었던 설교,
예수님을 영접했던 여름 수련회에서 들었던 설교는
모두 '요셉' 이야기였다.
요셉 이야기는 당시 외롭고 절망적이었던 내게
꿈과 희망으로 다가왔다.
그 후로 나는 거의 13년 동안 '요셉처럼'
쓰임 받고 싶다고 기도했다.

'요셉처럼 크게 쓰임 받고 싶다'는 기도에는
사실 성공하고 싶은 본심이 숨겨져 있었다.
성공시켜달라고 기도하자니 뭔가 찜찜해서
그 앞에 수식어를 붙이기 시작했다.
'하나님의 영광을 위해서'

'세상에 선한 영향력을 끼치기 위해서' 등등.

물론 돌이켜보면 그러한 기도가
전혀 의미 없었던 건 아니다.
하나님 앞에서의 기도는 다 의미가 있다.
하나님께서는 그 기도를 받으시고
오랜 연단의 시간을 통해 불순물이 빠지게 하셨으며
나를 다듬어가셨다.

이해할 수 없는 고난이 닥칠 때,
억울한 일이 생길 때,
아무런 저항을 할 수 없을 때,
모멸과 멸시, 천대를 받을 때…

때로는 그것이 너무 상처가 되고 힘들었지만
그 모든 과정에서 나는 '기도'를 하고 있었다.
그렇다. 하나님은 '요셉처럼 쓰임 받고 싶다'는
내 기도에 정확하게 응답하고 계셨다.

나는 요셉처럼 부와 명예,
그의 '형통한 삶'을 얻기 원했다.
그런데 하나님은 연단의 시간을 통해
내 기도의 방향을 바꾸셨다.

기도의 방향이 바뀐 어느 날 새벽,
늘 봐오던 요셉 이야기를 다시 읽었다.
그런데 신기한 점을 발견했다.

여호와께서 요셉과 함께하시므로
그가 형통한 자가 되어 그의 주인 애굽 사람의 집에 있으니 창 39:2

여호와께서 요셉과 함께하시고 그에게 인자를 더하사
간수장에게 은혜를 받게 하시매 창 39:21

간수장은 그의 손에 맡긴 것을 무엇이든지 살펴보지 아니하였으니
이는 여호와께서 요셉과 함께하심이라
여호와께서 그를 범사에 형통하게 하셨더라 창 39:23

성경에서 '형통'이라는 단어 앞에 항상
'여호와께서 함께하시므로'라는 말씀이 있었다.
성경이 말하는 형통은 세상이 말하는 형통과 달랐다.

세상은 세상의 것을 얼마나 많이 소유하고 있는지,
일이 잘 풀릴 때를 형통하다 하고,
하는 일마다 술술 잘 풀리면 만사형통이라 했다.

반면 성경은 세상의 것을 많이 갖든
아무것도 갖고 있지 않든,
내 일이 내가 보기에 잘 풀리든 안 풀리든
내 감정과 처한 상황에 관계 없이
하나님 한 분을 소유하고 그분과 동행하면
그러한 삶 자체가 형통이라고 했다.

이러한 사실을 깨닫고 내 기도는 이렇게 바뀌었다.
"하나님과 동행하는 삶이 제 비전입니다.

하나님을 감동시키는 사람이 되는 것이
저의 가장 가슴 뛰는 목표입니다."

'하루'의 의미가 달라지고,
'한 영혼의 가치'가 다르게 다가오고,
내게 주어진 모든 일의 의미가 달라졌다.
무엇보다 더 이상 사람의 눈치를 보지 않게 됐고
하나님의 눈치를 보기 시작했다.

그러니 사람이 보든 안 보든 정직해야 했고
무슨 일을 하든지 마음을 다해 주께 하듯 하려 애썼다.
그런 과정을 본 사람들이 때로는
'굳이 그렇게까지 해야 해?'라고도 했지만

사람이 기대하는 수준이 아닌,
하나님이 기대하시는 수준의 사람이 되고 싶다는
생각은 나를 변하게 했다.

하나님 앞에서 산다는 것은 내가 불편해지고
세상 사람이라면 굳이 하지 않아도 될
고민을 해야 한다는 거다.
비록 더 높은 수준의 가치를 추구해야 하기에
성장 속도는 무척 더디지만
나는 그 과정을 통해 하나님을 의지하고
하나님과 동행하는 법을 배웠다.
그리고 그것은 결과적으로 세상에서도 탁월하고
진정성 있는 사람이 되는 일이기도 했다.

내 안에 하나님의 말씀을 채우면 채울수록
하나님은 내 인생을 점점 보석으로 만든다.
하나님과 동행하는 삶이 진짜 형통이다.

기록된 말씀에서 사는 말씀으로

성경 지식이 많았던 율법교사는
예수님께 이렇게 물었다.
"내가 무엇을 해야 영생을 얻겠습니까?"
이 질문의 의도는 예수님을 시험하려는 것이었다.
그는 말씀을 적절히 인용할 줄 알았지만
말씀대로 살지는 않았다.

사탄 또한 예수님을 시험할 때
성경 구절을 정확하게 인용했다.

그러나 말씀은 인용이나 암송, 묵상 자체가 아니라
삶에 적용해야 그 능력이 나타난다.

하나님의 말씀을 대할 때,
나를 위해 사용하는 것이 아니라
수용하는 자세가 필요하다.

율법교사는 성경 지식을 알고 있었다.
그러나 예수님은 이렇게 물으신다.
"네가 어떻게 읽느냐."

율법교사는 "네 마음을 다하며 목숨을 다하며
힘을 다하며 뜻을 다하여 주 너의 하나님을 사랑하고
또한 네 이웃을 네 자신같이
사랑하라 하였습니다"라고 답했다.

예수님은 "네 대답이 옳도다, 이를 행하라 그러면
살리라"라고 말씀하셨다.
그러나 율법교사는 다시
"그러면 내 이웃이 누구니이까"라고 묻는다.

예수님은 선한 사마리아인의 비유를 통해
이웃이 누구인지 가르치신다.
그리고 율법교사에게서 "자비를 베푼 자니이다"라는
고백을 이끌어내신다.
그리고 "너도 이와 같이 하라"고
말씀을 적용할 것을 촉구하신다.

예수님은 성경에 무엇이라 기록되었느냐고

묻는 데서 그치지 않고,
네가 어떻게 읽느냐고 물으신다.
'무엇'은 '아는 것'과 연결되고
'어떻게'는 '이해하는 것'과 연결된다.
이해하지 못한 지식은 힘이 없고
진짜로 안다고 할 수 없다.

많은 사람이 지식으로 아는 것을 경험이라고 착각한다.
물론 머리로 아는 것도 중요하다
그러나 삶에 적용하는 것이 훨씬 중요하다.

기록된 말씀이 머리 지식에서 가슴 지식이 되면
삶을 변화시키는 삶의 지식이 된다.

읽고 배운 것을 삶으로 살아내는 것이
우리가 매일 할 일이다.
오늘도 예수님은 우리에게 물으신다.
"네가 어떻게 읽느냐?"

1장 __ 성령과 함께하는 인생은

2장 __ 구령의 열정과 비전을 품고

3장 __ 하나님과 함께 가장 완전한 길로 간다

하나님의 의도

기도하는 과정에서 일어난 사건에는
하나님의 의도가 있다.
하나님을 사랑하는 사람에게 일어난 고난에는
하나님의 계획이 있다.
당장은 왜 이런 일이 나에게 일어났는지
다 이해할 수 없지만,
이해하려 하기보다 묵묵히 견디고 버티면서
기도를 계속하다 보면
훗날 알게 되는 날이 온다.

"하나님께서 의도하신 대로
내 삶을 바라볼 수 있게 해주소서.
내 작은 생각으로 크신 하나님을 제한하지 않도록

내 믿음을 붙들어주소서.

하나님께서 원하시는 방향으로 나를 이끌어주시고,

하나님께서 원하시는 모습으로 나를 변화시켜주소서.

하나님의 뜻이 이루어지는 일에 나를 사용해주소서.

눈앞의 상황보다 그 안에 감춰진 하나님의 의도를 발견하고

그것을 통해 겸손히 배우게 하시고,

모든 상황 속에서 하나님의 뜻을 깨달아 순종할 수 있도록

나를 가르치시고 인도해주소서.

날마다 하나님과 더 가까워질 수 있도록

하나님의 사랑을 전할 수 있도록

기회와 지혜와 힘을 주소서."

상처가 아닌 연단

사람은 참 어렵다.
주면 더 많은 걸 달라고 요구하고,
더 주면 당연한 권리로 여기고,
다 주면 감사하는 것이 아니라
오히려 불평불만을 늘어놓기도 한다.
받은 것들에 대한 감사 대신
서운하고 섭섭했던 기억들만 곱씹는다.

나를 힘들게 하는 건 언제나 사람이다.
그런데 사람 때문에 힘들다가도
사람 때문에 힘을 얻기도 한다.
그래서 인간관계가 가장 어렵다고들 한다.
관계는 혼자 노력한다고 좋아지는 게 아니라

함께 노력하더라도 소통 과정에서
많은 오해와 장애를 극복해야 하기 때문이다.

사람 때문에 속상할 때면
주님의 심정을 떠올린다.
주님만큼 배신당한 경험이 많은 분이 또 어디 있을까.
나 또한 주님 앞에서 감사와 찬양,
믿음의 결단과 고백을 올려드린 후
얼마 되지 않아 유다처럼 배신하고,
하루에도 수없이 주님의 발등을 찍곤 했다.
이런 내가 참 싫었다.

주님을 통해 많은 걸 배운다.

리더란 언제든지 믿는 도끼에 발등 찍힐 준비를 하고
발등을 내어주는 사람이다.
사랑하기에 또다시 기회를 주고,
결단들을 믿어주고, 기다려주는 사람이다.

주님은 대개 내가 제일 약한 부분을,
사랑하고 아끼는 사람들을 통해 가르치신다.

상처받은 게 아니라 연단 중이다.

근거 있는 자신감

나는 자신감 검사에서 마이너스를 받을 정도로
자신감이 없는 사람이다.
한국형 강점검사를 해보면
자신감은 마이너스 수치를 보이고
용기는 만점을 훌쩍 뛰어넘는 수치가 나온다.
검사지를 본 코치님도 깜짝 놀랄 정도로
상반되는 수치였다.

자신을 뛰어넘는 하나님에 대한 신뢰가 있기에
가능한 수치다.
나는 자신감이 전혀 없지만
나와 함께하시는 하나님이 내게 어떤 분이고,
지금까지 나를 어떻게 인도하셨으며,

내 계획과 상상을
뛰어넘어서 역사하시는 분이라는 걸
너무도 많이 경험했기 때문이다.
하나님의 선하신 성품을 믿고,
신실하신 하나님이
그분의 말씀에 순종하는 자에게
말씀대로 역사하실 것이라는 믿음은
나에게 신비한 힘과 용기를 준다.

다윗이 블레셋 사람에게 이르되
너는 칼과 창과 단창으로 내게 나아오거니와
나는 만군의 여호와의 이름 곧 네가 모욕하는
이스라엘 군대의 하나님의 이름으로 네게 나아가노라 삼상 17:45

자신감의 근거를 나에게 두면
상황에 따라 언제든 흔들릴 수 있다.
또한 내가 이룬 것에만 초점을 두면 교만해지기 쉽다.
하지만 자신감의 근거를 하나님께 두면
실패해도 하나님의 일하심을 기대하는 기도제목이 되고,
승리하면 하나님을 자랑하는 간증이 된다.

주 여호와는 나의 힘이시라
나의 발을 사슴과 같게 하사
나를 나의 높은 곳으로 다니게 하시리로다 합 3:19

 더 높은 기준

"이 정도면 됐어, 이 정도면 충분하지"라고 생각했다.
이 이상 하나님의 일하심을 기대하지도, 기도하지도 않고
내 생각과 계획 안에 머무를 때도 있었다.

하지만 이제는 내 시선이 다시 주님을 향하길 원한다.
영원한 하나님 나라가 내 비전이 되고,
그것을 이루는 것이 나의 가슴 뛰는 사명이 되길 원한다.

기도와 시도는 하나다

하나님께 소망을 두는 자에게는 두려움이 찬송으로 바뀐다.

내 영혼아 네가 어찌하여 낙심하며
어찌하여 내 속에서 불안해하는가
너는 하나님께 소망을 두라
그가 나타나 도우심으로 말미암아
내 하나님을 여전히 찬송하리로다 시 43:5

하나님을 앙망하는 자에게는
하나님의 은혜가 임한다.

오직 여호와를 앙망하는 자는
새 힘을 얻으리니 독수리가 날개치며 올라감 같을 것이요
달음박질하여도 곤비하지 아니하겠고

걸어가도 피곤하지 아니하리로다 사 40:31

하나님을 경외하는 자에게는
하나님의 지혜가 임한다.

여호와를 경외하는 것이 지혜의 근본이요
거룩하신 자를 아는 것이 명철이니라 잠 9:10

기도하고 준비하면 하나님은 기회를 주신다.
기도하고 기대하면 하나님은 기회를 잡을 수 있는
지혜를 주신다.
기도하고 기다리면
하나님은 가장 좋은 타이밍을 허락하신다.

사람의 준비와 하나님의 기회가 만나는 지점에서
역사가 일어난다.
준비와 기회가 만나면 기적이 일어난다.
그러므로 기도와 시도는 하나다.

하나님은 하나님의 뜻을
하나님의 때에 하나님의 방법으로
하나님이 기뻐하시는 사람을 통해 이루신다.

크리스천의 인생 최적화

하나님은 주님을 **기뻐하는 자**의 소원을
이루어주신다.

또 여호와를 기뻐하라
그가 네 마음의 소원을 네게 이루어주시리로다 시 37:4

하나님은 **주님께 맡기는 자**의 계획을
이루어주신다.

너의 행사를 여호와께 맡기라
그리하면 네가 경영하는 것이 이루어지리라 잠 16:3

하나님은 주님께 **겸손한 자**의 기도를
들으시고 격려하신다.

여호와여 주는 겸손한 자의 소원을 들으셨사오니
그들의 마음을 준비하시며 귀를 기울여 들으시고 시 10:17

하나님은 주님께 **부르짖는 자**의 죄를
용서하고 회복시키신다.

내 이름으로 일컫는 내 백성이
그들의 악한 길에서 떠나 스스로 낮추고 기도하여
내 얼굴을 찾으면 내가 하늘에서 듣고
그들의 죄를 사하고 그들의 땅을 고칠지라 대하 7:14

하나님은 주님의 **말씀을 지키는 자**를
형통하게 하신다.

이 율법책을 네 입에서 떠나지 말게 하며
주야로 그것을 묵상하여 그 안에 기록된 대로 다 지켜 행하라
그리하면 네 길이 평탄하게 될 것이며 네가 형통하리라 수 1:8

기억해야 할 네 가지 돌

하나님의 계획이 이루어지는 일과
이웃에게 복음이 전해지는 일에
내가 **걸림돌**이 되지 않길.

하나님의 뜻이 이루어지는 일에
밀알이 되는 **주춧돌**로 쓰임 받길.

세상에서 상처받은 영혼들에게
희망을 전하는 **디딤돌**이 되길.

하나님의 나라를 위해,
하나님이 놀랍게 일하시는 **물맷돌**이 되길.

최선을 다할 수 있는 은혜

내 모든 일의 과정이나 결과는 모두 은혜 안에 있고,
내가 가진 모든 것이 주의 것이다.
때문에 언제나 내 삶의 최선에 대해 고민한다.

내가 최선을 다할 수 있는 이유는
그 최선을 받으시는 분이 있고
이를 통해 주께서 일하실 것을 믿기 때문이다.
하나님의 선하심과 신실하심을 신뢰하기 때문이다.

그러므로 최선을 다할 수 있는 것도 은혜다.

귀하게 쓰임 받는 사람의 특징

귀하게 쓰임 받는 사람들에게는 네 가지 특징이 있다.

첫째, 교회 일과 세상일을 분리하지 않는다.
즉, 가정과 직장, 사업 구분 없이 모든 일을
마음을 다해 주께 하듯 한다.

둘째, 하루의 시작과 끝을 기도와 말씀으로
시작하고 마무리한다.

셋째, 삶의 모든 현장에서 하나님의 임재와 도우심을
경험한 간증이 있다.

넷째, 자신이 속한 분야에서 탁월함을 추구한다.

서로 다른 전문성

나는 죄 짓는 일에 전문이고
하나님은 용서하는 일에 전문이다.

금방 결단하고 기도해도
뒤돌아서면 똑같은 죄를 반복해서 짓는
나 자신을 발견하곤 한다.
그럼 나는 죄를 자백하고
하나님은 그런 나를 또 용서하신다.
잘 잊는다는 점이 닮았다.
나는 그 용서를 잊어버리고,
하나님은 내 죄를 잊으신다.
자꾸 잊어서 죄송하고,
또 잊어주심에 감사하다.

하나님을 사랑한 흔적

나에게 필요한 것은
더 높은 지위가 아니라
더 깊은 은혜다.

나에게는 더 큰 영향력이 아니라
한 '영'혼을 '향'한 사랑의 능'력'이 필요하다.
한 번뿐인 이 땅에서의 삶을 사는 동안
더 많은 재물이 아닌
하나님과 동행한 추억을,
하나님을 더욱 사랑한 흔적을 쌓기를 원한다.

무엇을 곱씹으며 살 것인가

인생을 살면서 곱씹게 되는 것들이 있다.
그중에는 곱씹을수록 나를 주저앉히는 것이 있고
곱씹을수록 나를 앞으로 나아가게 하는 것이 있다.

곱씹을수록 나를 주저앉히는 것은
문제에 대한 두려움과 사람들의 말,
이미 지나간 과거에 대한 후회,
아직 오지 않은 미래에 대한 염려다.

한편 곱씹을수록 나를 앞으로 나아가게 하는 것은
내게 주신 하나님의 약속의 말씀,
나를 향한 하나님의 계획과 생각,
지금까지 인도하신 하나님의 사랑이다.

무엇을 곱씹으며 살 것인지는

나의 선택에 달렸고

그 선택에 따라 인생의 방향이 달라질 것이다.

하나님의 일하심

하나님이 일하시는 방법은
언제나 인간의 생각을 뛰어넘는다.

때때로 하나님이 나의 길을 막는 것처럼 보일 때가 있다.
도무지 상황이 풀리지 않고
길이 열리지 않을 때가 있다.
그럴 때 그 상황 너머에 계신,
그 상황을 허락하신 분이 하나님이심을 믿는 사람은
낙망하지 않고 그 자리에서 기도한다.

기도를 할 때
길을 열여달라고 기도할 수도 있다.
그러나 그보다 더 좋은 기도는

그 상황을 허락하신 하나님의 마음과 의도를
알기 원하는 기도다.
하나님의 말씀을 의지하고
하나님의 성품을 신뢰하는 사람은
어려운 상황에 놓여도 하나님의 일하심을 기대한다.
그럼 하나님은 내 생각을 넘어서는 다른 길을 열어주신다.

최고의 행복을 누리는 사람

하나님 없이 바쁘다면
뭔가 일이 잘못된 방향으로 가고 있다는 신호다.

기도 없이 일이 잘 풀린다면
이미 위기가 다가오고 있다는 신호다.

당장 눈에 보이는 현상과 결과보다
그 중심에 '하나님이 계시는가'가
인생에서 가장 중요한 기준이 되어야 한다.

인생 최고의 가치가 하나님인 사람은
그렇지 않은 사람이 알 수 없는 행복을 반드시 누린다.

사람 안 변한다는 말은 틀렸다

세상은 이렇게 말한다.
사람은 안 바뀌기에 고쳐 쓰는 게 아니라고.
그러나 하나님은 이렇게 말씀하신다.
"내가 너를 변화시키고, 내가 너를 고칠 것이다."
심지어 세상도 바꾸겠다고 하신다.
세상과 하나님의 말씀 중 무엇을 들을지는
내 선택에 달렸다.
누구에게 운명을 맡길 것인지 선택하자.

하나님이 은혜를 베푸시는 사람

하나님이 어떤 사람에게 은혜를 베푸시는지
우리는 시편 말씀을 통해 알 수 있다.

첫째, 간구하는 사람이다.

내가 전심으로 주께 간구하였사오니
주의 말씀대로 내게 은혜를 베푸소서 시 119:58

둘째, 하나님을 두려워하고
하나님께 피하는 사람이다.

주를 두려워하는 자를 위하여 쌓아두신 은혜
곧 주께 피하는 자를 위하여
인생 앞에 베푸신 은혜가 어찌 그리 큰지요 시 31:19

셋째, 하나님께서 내 기도를 들으시고
나를 돕는 자가 되심을 믿는 사람이다.

여호와여 들으시고 내게 은혜를 베푸소서
여호와여 나를 돕는 자가 되소서 하였나이다 시 30:10

반복되는 문제의 이유

우리는 누군가 나를 힘들게 하면
그를 이상한 사람으로 여기곤 한다.
그렇게 생각하는 것이 편하기 때문이다.
하지만 잘 생각해보면 상대방이 나를 힘들게 하는 이유는
서로 맞지 않기 때문일 가능성이 높다.
'그 사람은 나와 잘 안 맞는다'와
'그 사람은 잘못됐다'는 다르다.
그 사람은 그저 자기 스타일대로 했을 뿐인데
내가 불편함을 느낀 것이다.

내가 힘들다고 해서
상대방이 이상한 사람이라고 생각하면 안 된다.
내가 바뀌지 않는다면 어딜 가도

똑같은 상황에 부딪힐 것이다.
누군가 이런 말을 했다.
'도망쳐서 도착한 곳에 천국은 없다.'

내가 가는 곳마다 같은 이유로 나를 불편하게 하거나
같은 패턴으로 불편함을 느끼게 하는 사람이 있다면
진지하게 하나님 앞에서 자신을 돌아볼 필요가 있다.

하나님이 '반복된 불편함'을 통해
내 안의 무엇을 다듬으시려고 하는 걸까?
비슷한 문제, 비슷한 사람들을 나에게 보내시는 이유를
빨리 알아차릴수록 나를 다듬어가시는
하나님의 훈련이 빨리 끝날 것이다.

완벽이 아닌 완료를 추구하는 삶

세상에 완벽한 사람은 없다는 명제에
동의하지 않는 사람은 없다.
그러나 그렇다고 해서 맡겨진 일을 대충해서는 안 된다.

완벽주의는 좋지 않은 태도이지만
완료주의는 꼭 필요한 태도다.

무슨 일을 하든지 주께 하듯 하며
최선을 다하는 태도.

지금 내가 서 있는 자리에서 하는 모든 일은
하나님이 나를 신뢰하셔서 맡긴 소중한 일이다.

내 뜻대로 되지 않는 축복

지금껏 살아온 인생을 돌이켜보면
내가 간절히 바라고 기도했던 일들 중 대부분이
이루어지지 않고 실패했다.

스무 살 때, 나는 원하지 않는 대학에 입학했다.
군대 전역 후 2년간 재수, 삼수에 도전했지만
결국 불합격하고 실패했다.

2020년 6월, 6년간 열심히 키운
인스타그램 10만 팔로워 계정이 해킹을 당해
하루아침에 기반을 잃었다.

아르바이트를 하다가 술에 취한 손님에게

멱살을 잡히기도 하고,
온갖 모욕을 당하고, 무시와 멸시와 조롱을 받았다.

헌신적으로 도왔던 가게 사장님에게
2달 동안 급여를 받지 못하고 해고를 당했다.
학자금 대출을 받을 수 없어 대학 등록금도 내지 못했다.

언제나 자기 일처럼 돕고 섬기며 사랑했던 사람이
내게 가장 큰 상처를 주고
가장 큰 손해를 끼치는 사람으로 돌아섰다.

사업을 시작하고 좋은 성과를 내던 시기에
폐차될 정도의 교통사고를 겪었다.

학생들을 위해 무료로 강의를 하고 돌아오는 길,
차비가 없어 추운 겨울에 2시간을 걸어야 했다.

교육을 수료하기 위해 서울에 가야 하는데
차비가 없어 10시간 이상 무거운 택배를 옮겨야 했다.

가장 존경했던 사람이 가장 큰 실망을 줘서
사람에 대한 깊은 회의를 느꼈다.
시시때때로 거절당하고, 버림 받고, 번아웃이 찾아왔다.

돌이켜보니 정말 내 마음대로 된 것이 하나도 없다.
하지만 지금은 웃으며 그 모든 것이
하나님의 선물이라고 고백할 수 있다.

실패를 통해 새로운 도전을 할 수 있었다.
고난을 통해 하나님을 경험하고,
포기를 통해 내 방법과 생각을 내려놓고
오직 하나님만 의지하는 법을 배울 때,
내 생각을 뛰어넘는 하나님의 일하심을
경험할 수 있었다.

하나님은 어제의 상처를 가슴 뛰는 사명으로,
쫓겨남과 아픔을 간증의 재료로 바꿔주셨다.
근심거리를 기도제목으로 바꿔주셨다.

어긋남을 통해 기도하고 기다릴 때
가장 좋은 것을 주시는 하나님의 때를 기다리고

신뢰하는 법을 배웠다.

가난을 통해 주님이 주시는 진정한 풍성함과
가난한 자를 향한 긍휼을 배웠다.

외로움을 통해 주님을 만나 하늘의 위로를 얻고,
진심으로 타인을 위로하고 용기를 줄 수 있게 됐다.

내 삶에 맺힌 열매는 모두
나는 죽고 예수로 살 때,
주님이 나를 통해 일하신 역사였고, 간증이었다.

인생의 반전이 필요할 때

살다 보면 삶에 반전이 필요할 때가 있다.
그럴 때 네 가지를 바꾸면 성공할 수 있다.

첫째, 기도를 바꾼다.
많은 그리스도인이 자신의 심정을 토로하거나
필요를 구하거나 인생의 문제를 해결받기 위한
'간구의 기도'를 한다.
이제 기도의 차원을 바꿔야 할 때다.
하나님의 뜻이 이루어지기를 바라며
'감사의 기도'를 해보자.

둘째, 시도를 바꾼다.
기도하고 묵상하며 받은 감동이라면,

그냥 지나치지 말고 반드시 실행으로 옮겨야 한다.
내가 '하나님이 일하시는 통로'라는 사실을 기억하고
하나님의 말씀을 따라 담대하게 시도하자.
하나님은 순종하는 자를 통해 일하신다.

셋째, 마음을 바꾼다.
기도하고 시도했다면 하나님의 일하심을 기대해야 한다.
내가 무슨 생각을 하든지
하나님이 그것을 초월해 역사하실 것을 믿고,
그분의 선하신 성품을 신뢰하자.
마침내 하나님은 내게 가장 좋은 것을 주실 것이다.
하나님의 일하심을 기대하고 찬양하자.
내 삶을 온전히 하나님께 맡겨드리자.

넷째, 계획을 바꾼다.

마음이 조급하다는 것은
내 생각과 방법을 따라 살고 있다는 증거다.
내가 어떤 방법을 택하든지
하나님의 방법이 가장 완전하다.
내가 얼마나 뛰어난 사람이든
하나님의 지혜가 가장 완전하다.
내가 얼마나 치밀하든
하나님의 계획이 가장 완전하다.
또한 어떤 경우에서든 하나님의 계획과 방법이
나에게 가장 좋다.
하나님께서 완전한 타이밍을 허락하실 때까지
잠잠히 기다리자.

하나님의 타이밍을 알아볼 수 있는
지혜를 구하며 인내하자.

진정한 영향력

그리스도인으로서의 명확한 정체성은
우리를 세상과 구별되게 한다.
그러나 세상과 구별되긴 해도 분리되어서는 안 된다.
우리는 세상 속으로 더 파고들어가서
세상 사람들과 조화를 이루고 함께 살 수 있어야 한다.
그리하여 그 안에서 세상과 다르게
반응하는 삶을 살아야한다.
그것이 우리의 경쟁력이자 영향력 있는 삶을 사는 법이다.

영향력 있는 삶을 산다는 것은
유명한 사람이 되는 것이 아니다.
한 영혼을 향한 주님의 심정을 품고,
내 삶을 통해 보이지 않는 주님이 드러내는 것이다.

그것이 세상 사람들이 볼 때는 '착한 행실'[마 5:16]이고
'어둠을 비추는 밝은 빛'[마 5:14]이다.
내 안에 계신 주님과 날마다 동행한다면
영향력은 내 안에 계신 주님이 끼치신다.

그리스도인의 성공관

하나님은 자신이 하고자 하는 일을
다 이루시는 분이다.
내가 아니라도 누구를 통해서든
자신의 뜻을 이루실 수 있는 분이다.
하지만 내가 소망하는 것은,
누구를 통해서든 이루어질 하나님의 선하신 계획에
내가 사용되어지는 것이다.

그래서 나는 매일 하나님의 뜻이 이루어지는 일에
나를 통로로 삼아주시기를 기도한다.
하나님은 내가 가진 돈과 재능과 능력이
필요하신 분이 아니다.
그럼에도 오늘 내가 최선을 다하는 이유는

하나님이 내게 바라시는 유일한 한 가지,
하나님께 내 마음을 드리기 위해서다.

하나님을 뜨겁게 사랑하는 마음으로,
하나님이 나를 보내신 모든 현장에서,
하나님이 내게 맡겨주신 모든 일을
주께 하듯 하는 것.
이것이 내가 가장 사랑하는 하나님이 기뻐하시는 일이다.
그리고 이것이 그리스도인인 내가 일하는 목적이자
최선을 다하는 이유다.

그리스도인은 더 높은 가치를 추구하며
오늘을 사는 사람이다.

그래서 예수님을 믿지 않았다면
굳이 겪지 않아도 될 일들과
고민하지 않아도 될 일들을 직면한다.
세상 사람은 단순히 내 이익만 생각하면 되지만
그리스도인은 여러 가지를 두고 고민해야 할 때가 많다.

그것이 때로는 나에게 세상적 고난이나
손해로 다가올 때가 있다.
그런데 그 고민과 씨름하면서
하나님의 뜻이 무엇인지,
하나님의 마음이 어디에 있는지
하나님께 묻고 또 묻는 그 일이
나를 온전한 하나님의 사람으로 만들어가는 과정인 것이다.

그 모든 씨름을 하는 과정은 주 안에서 의미가 있다.
하나님은 주 안에 거하는 사람의 인생을 책임지시고,
주 안에 있는 사람의 삶에 일어난 일을 통해
마침내 선을 이루시고,
그분을 나타내실 간증의 재료로 쓰시기 때문이다.
그리고 그 모든 과정 속에서 하나님이 함께하신다면,
그것 자체만으로 진짜 성공이다.

하나님은 때로 내가 이해할 수 없는 방법과 길로
나를 인도하실 때가 있다.
그때 당장은 이해되지 않아도 하나님 말씀이라면
그대로 받고, 그대로 믿고, 그대로 순종하는 것.
그것이 하나님이 내게 기대하시는

'진짜 탁월함'이다.
내 생각과 계획을 철저히 하나님 앞에 내려놓고
나를 죽일 때 비로소 하나님은
당신이 얼마나 크신 분인지를 보여주신다.

내 계획은 날마다 죽는 것이다.
하나님이 쓰시기에 합당한 그릇의 사람이 되도록,
하나님이 기대하시는 수준의 탁월함을 갖춘
사람이 되기를 소망하며
기꺼이 내 하루를 갈아 넣는 것.
그것이 내 계획이다.
하나님은 이러한 내 계획을 통해
언제나 세상을 이기게 하셨고

반전 드라마를 쓰셨다.

그래서 나는 매일이 기대된다.
크신 하나님이 작은 나를 통해
어디까지 어떻게 일하실지 보고 싶다.
천국 가는 그날까지 놀라우신
나의 하나님을 더 깊이 사랑하고,
멋있는 하나님을 멋있게 믿고 싶다.
이 즐거움을 더 많은 사람과 함께 나누고 싶다.

그리스도인에게 성공이란
하나님이 나를 지으신 목적대로 인생을 사는 것,
하나님이 나를 보내신 곳에서 하나님의 방법대로

하나님의 뜻을 이루기 위해 하루를 사는 것,
하나님의 마음이 향하는 곳에
나의 마음과 시선이 머물도록 하는 것이다.

물 한 잔 vs 바다

이전에는 하나님께로부터 내가 원하는 것을
많이 받아내는 게 복이라고 생각했다.
하나님께 받은 것이 많을수록
더 존귀한 인생을 사는 거라고 믿었다.

그런데 하나님이 나를 통해 일하시도록
작은 내 삶을 내어드리는 것이
훨씬 더 큰 복이라는 비밀을 깨달았다.

하나님께 받아낸 복은 '물 한 잔'이었고,
하나님께로 뛰어든 복은 '바다'였다.

내 손에 쥔 물 한 잔은 결국 마르지만,
하나님의 바다는 영원히 마르지 않는다.

1장 _ 성령과 함께하는 인생은

2장 _ 구령의 열정과 비전을 품고

3장 _ 하나님과 함께 가장 완전한 길로 간다

하나님이 시켜주시는 성공

잠언에는 하나님이 어떤 사람에게 성공을 허락하시는지
분명한 말씀으로 기록되어 있다.

그는 정직한 자를 위하여 완전한 지혜를 예비하시며
행실이 온전한 자에게 방패가 되시나니 잠 2:7

하나님이 보시기에 옳은 길을 가겠다고 결단하며 나아가는
정직한 사람을 위해서 마치 상점에 물품을
차곡차곡 진열하고 쌓아두듯
우리를 향한 성공을 이미 준비해두신다.
그리고 그 사람을 보호해주신다.

겸손과 여호와를 경외함의 보상은

재물과 영광과 생명이니라 잠 22:4

겸손은, 나를 낮추는 것이 아니라
내가 마땅히 있어야 할 자리를 지키고
선을 넘지 않는 것이다.
하나님 앞에서 겸손을 잊은 모습은 어떠한가?
즉, 무엇이 교만인가?
선악과를 먹는 것, 창조주와 피조물의 관계에서
지켜야 할 선을 넘는 것이다.
하나님과 같이 되려는 마음이 바로 교만이다.

반대로 범사에 하나님이 내 주 되심을 인정하는 것,
내가 가진 모든 것이 하나님의 것임을 인정하며

모든 일을 하나님께 의뢰하는 것이 겸손이다.
하나님을 경외하는 사람은 하나님의 뜻을 구하고
그 뜻대로 살기를 기도한다.
모든 과정 속에서 하나님의 도우심을 요청한다.
모든 걸음을 하나님이 인도해주시기를 간구한다.
모든 성취와 결과가 하나님 손에 있음을 인정한다.

하나님은 겸손한 사람,
하나님을 경외하는 사람에게
영적인 복뿐 아니라
육적인 복을 함께 허락하시기도 한다.
물론 이것은 공식이 아니다.
하지만 부지런히 자신의 일을 잘 경영하면

하나님의 일반 은총과 자연 법칙으로 인해
세상에서도 얼마든지 부유해질 수 있는
가능성을 열어두셨다. 잠 10:4; 12:24, 27; 13:4; 21:5

하나님은 가난한 자에게도
부지런히 일하면 나날이 양식과 소출이
많아질 수 있는 밭을 주셨고,
경작할 수 있는 능력과 기회를 주셨다.
씨앗을 뿌리면, 그 씨앗이 자라나 열매를 맺는
창조 법칙을 만드셨고, 지금도 그 법칙대로
세상을 운행하신다. 잠 13:23, 신 8:18, 렘 33:25, 욥 28:26
하지만 하나님 앞에서 범죄하면,
그 법칙조차 작동하지 않고 제한시키신다.

가인이 아벨을 죽이는 죄를 범하자
하나님은 분명히 말씀하신다.

네가 밭을 갈아도 땅이 다시는
그 효력을 네게 주지 아니할 것이요
너는 땅에서 피하며 유리하는 자가 되리라 창 4:12

심으면 거두는 갈 6:7 것이 하나님의 창조 법칙이다.
하나님의 자녀가 범죄하면 하나님께서는 복을 거두신다.
사울 왕이 그 모범 사례다.
그러나 하나님의 자녀가 회개하고 다시 돌아오면
하나님은 용서하시고 회복시키신다.

내 이름으로 일컫는 내 백성이 그들의 악한 길에서 떠나
스스로 낮추고 기도하여 내 얼굴을 찾으면
내가 하늘에서 듣고
그들의 죄를 사하고 그들의 땅을 고칠지라 대하 7:14

성경을 보면 볼수록 우리는
하나님의 존재가 본질적으로 우리에게 복 주시고
갚아주시는 분임을 발견하게 된다.
우리가 하나님의 창조 법칙을 지키고, 하나님을 경외하고,
주어진 모든 일을 주께 하듯 하면,
비록 시작이 미흡하고 부족했을지라도
결과적으로 능숙하고 탁월한 사람이 될 수 있다.

네가 자기의 일에 능숙한 사람을 보았느냐
이러한 사람은 왕 앞에 설 것이요
천한 자 앞에 서지 아니하리라 잠 22:29

하나님이 나를 부르신 곳에서
하나님의 주권을 인정하고,
하나님의 충성된 청지기가 되어
내 일을 부지런히 경영하며,
모든 일 가운데 성령께서 역사하시기를 기도하면
놀라운 일이 일어난다.
그리고 많은 사람에게 유익을 주는
축복의 통로로 삼아주신다.

결과적으로는 하나님을 사랑하고

하나님과 동행하는 삶 자체가

그리스도인에게 진정한 성공이라는 것을 깨닫게 된다.

성령 충만을 지속하는 세 가지 방법

첫째, 매일 기도해야 한다.
성령 충만한 삶을 살기 위해서는
기도하는 시간을 충분히 확보해야 한다.
공동체가 함께 모여
기도하는 시간을 갖는 것 또한 중요하다.

둘째, 매 순간 주님을 의지하고 신뢰해야 한다.
모든 '과정'에서 나를 도우실 주님을 신뢰하며 시도하고
그 일을 이루어주실 것을 기대함으로
'결과'를 맡겨드리는 훈련을 하면
하나님이 나와 함께하신다는 감각을 키울 수 있다.

셋째, 언제나 선교적인 삶을 살아야 한다.

성령 충만의 목적은 결국 '전도'임을 기억하고,
나의 삶 자체가 선교가 되기를 바라며 행동하면
성령 충만한 삶을 지속할 수 있다.

블레싱 파이프

기버나비 교육*에 참여한 수강생 두 분이
식사 자리에서 고백하기를,
오랜 시간 복잡했던 생각과 삶이 단순해지고
나아갈 길이 보다 더 명확해졌다고 했다.
또 기버나비가 크리스천을 위한 교육이 아니었음에도
큰 은혜와 많은 도전을 받았을 뿐 아니라
하나님을 사랑하게 되었으며,
사업을 바라보는 관점이 바뀌면서,
함께 일하는 사람들을 대하는
태도가 바뀌었다고 했다.

---

* 타인의 삶에 긍정적인 변화를 일으키는 기버(Giver)로 살고자 하는 자에게 나비(히브리어, 사명자)의 정신을 갖도록 교육하는 과정.

그 후 나는 이분들의 사업장에 초빙이 되어 갔다.
편히 밥 먹는 자리에서
생각지도 못했던 기회가 생기고,
그에 따른 더 많고 안정적인 수익이 덩달아 찾아왔다.
그때 이런 생각이 들었다.
'아… 이건 진짜 내가 하는 게 아니구나.
하나님의 말씀에 순종하면
진짜 말씀대로 그분이 역사하시는구나.'

그들의 고백을 들을 때
내 안에 깊은 감동과 감사가 울려 퍼졌다.
내 기도 제목이 응답되는 순간이었기 때문이다.
나는 매일 새벽 이분들을 위해 이렇게 기도했다.

"하나님, 세상은 사람들에게
 자기의 행복과 성공을 위해 살라고 가르칩니다.
그래서 사람을 수단화하고
수익의 파이프라인을 늘리도록 안내합니다.
하지만 하나님, 저는 그리스도인입니다.
살아도 주를 위해 살고 죽어도 주를 위해 죽는 자,
먹든지 마시든지 모든 일을
하나님의 영광을 위해 하는 존재입니다.
하나님이 오늘 하루 동안 제게 보내주신 사람들은
예수님이 생명까지 내어주시면서 사랑한
'하나님의 형상'입니다.
하나님! 하나님의 형상들을 속일 수는 없습니다.
주님이 저를 신뢰하셔서 보내주신 사람들을

감히 제 이익을 위해 수단화할 수 없습니다.
이들의 삶이 보다 더 윤택해질 수 있도록,
그 삶에 놀라운 변화가 일어날 수 있도록
제가 하나님이 일하시는 통로,
블레싱 파이프가 되길 원합니다.
하나님, 저를 사용해주십시오!

제게 한 영혼을 향한 주님의 사랑을 부어주십시오.
사람들의 삶에 긍정적인 변화를 일으킬 수 있도록
지혜를 주십시오. 제 힘으로 할 수 없습니다.
제게는 그럴 만한 능력이 없습니다.
하지만 주님이 함께하신다면 할 수 있습니다.
제가 누군가의 삶에 아름다운 소식을 전하는 선물이 되고,

그리스도의 편지가 되게 해주십시오.
보다 더 많은 사람의 삶에 유익을 줄 수 있도록
제게 기회를 주십시오.
하나님께 더 많은 기쁨을 안겨드릴 수 있는
기회의 범위를 넓혀주십시오.
마음이 상한 자를 고치고 포로 된 자에게 자유를,
억눌리고 갇힌 자에게 놓임을 선포하며,
눈 먼 자를 다시 눈 뜨게 하고
모든 슬픈 자를 위로하는 역사를
오늘 하루 동안 제 일터와 비즈니스 현장에서
경험하게 해주십시오.
하나님! 오늘도 제게는 하나님의 은혜가 필요합니다.
하나님의 도우심이 아니면

이 모든 일을 해낼 수가 없습니다.
누군가의 삶이 진정으로 행복해지고
영혼이 회복되고, 성공적인 길로 나아갈 수 있게
그들을 주님께로 인도하는
축복의 통로, 블레싱 파이프로 저를 사용해주십시오."

'하나님의 형상'인 고객들을 한 분 한 분 만날 때
나는 속으로 이렇게 외친다.
'주님 들어오신다.' 골 3:23

상대방이 크리스천이든 아니든 관계 없다.
모든 만남의 시작을 상대방을 위한 축복 기도로 하고,
상대방의 유익을 우선시하며,

내가 이 사람을 어떻게 하면
가장 효과적으로 도울 수 있을지를
끊임없이 고민하며 가치를 창조한다.
수익은 가치의 메아리다.
내가 얻게 될 보상은
내가 얼마나 많은 사람에게 유익을 주고,
사람들에게 준 도움이 얼마나 효과적이냐에 따라 결정된다.
남을 윤택하게 하는 사람은 자기도 윤택하여진다는
말씀이 이루어지는 것이다. 잠 11:25

그리스도인은 세상 성공을 좇는 존재가 아니다.
그렇다고 정신 승리하며 세상을 등지는 존재도 아니다.
세상과 다른 방식으로, 성령의 능력으로

세상에 변화를 일으키는 존재다.
우리가 일하는 그 현장 가운데 하나님의 통치가 선포되면
그분이 일하신다. 주님이 열매를 맺으신다.

기도를 통해 역사하시는 하나님

한 대학생 멘티가 오래 일했던 직장을 그만뒀다.
그런데 개인적인 이유로 마음의 상처가 컸는지
며칠간 그의 SNS에 힘든 모습이 보였다.

얼마 전 이 친구의 생일이었는데,
타이밍을 놓쳐서 축하 연락도 하지 못해
마음 한편에 불편함이 남아 있었다.
평소 같으면 위로의 연락을 했겠지만,
이번에는 내 안에 계신 주님이
그저 묵묵히 지켜봐주길 원하심을 느꼈다.
그리고 이 말씀이 계속 떠올랐다.

사랑은 오래 참고 고전 13:4

나는 틈틈이 이 친구가 생각날 때마다
이렇게 기도했다.

"하나님, 제가 생일 축하도 못해줬는데,
지금이라도 뭘 보내줘도 될까요?
지금 이 친구에게 가장 필요하고
하나님의 위로가 되는 선물은 뭘까요?"

그러자 문득 오래전 이 친구가
나에게 했던 말이 떠올랐다.

"저는 비행기 탈 때가 제일 행복해요."

나는 다시 기도했다.

"하나님, 비행기 표를 선물로 주라는 건가요?
아까워서 그런 건 아니고, 상대방 입장에서
너무 부담스럽지 않을까요?
그 친구가 시간이 안 될 수도 있잖아요?
하나님, 진짜로 제가 제대로 들은 게 맞다면
다시 한번 말씀해주세요.
그러면 기쁜 마음으로 즉각 순종할게요."

나는 진짜로 하나님이 주신 감동이 맞는지
체크하기 위해 세 가지 조건을 기록했다.

조건 1. 상대방이 먼저 연락을 해온다.

조건 2. 바로 여행을 갈 수 있는 상황이어야 한다.

조건 3. 제주도에 가고 싶다고 기도했어야 한다.

위 내용을 3월 30일에 나만 볼 수 있는 공간에 기록했다.
그런데 바로 다음 날인 3월 31일 오후 1시 30분경
이 친구로부터 연락이 왔다.

그는 자신에게 있었던 힘든 일을 말하면서
그동안 내가 해준 말이 큰 힘이 됐다는 감사 인사와 함께
오늘 면접을 본 회사에서 합격했다는 소식을 전했다.
그러곤 이번 주 주말부터 월요일까지 쉬고 나서
다음 주부터 출근을 한다면서,

지난 9개월 동안 한 번도 온전히 쉰 적이 없기에
제주도에 다녀올까 한다는 게 아닌가!
나는 곧바로 이 친구에게
제주항공 비행기 티켓을 선물했다.
이 친구는 통화하다가 너무 놀라
정말 서럽게 울었다.

그리고 '제주도에 가서 꽃이라도
한 번 보고 오면 얼마나 좋을까…'
하고 기도했다고 한다.

하나님께서 나를 통해 응답해주셨다며
펑펑 울었다.

내가 티켓을 주었지만
마치 내가 선물을 받은 것 같아서 눈물이 났다.
하나님 말씀에 순종할 때 부어지는
감격이 내 안에 넘쳐흘렀기 때문이다.

이번 기회를 통해 주님은 내게
한 가지 소중한 교훈을 가르쳐주셨다.
사랑은 주는 것이 맞지만,
빨리 줘야 하는 건 아니라는 것이다.
한 사람이 아픔을 견디고 스스로 일어설 때까지
'충분히 기다려주는 것'도 사랑임을 배웠다.

스스로 일어설 때 내 근육이 된다.

넘어지더라도 스스로 일어설 때 강해진다.
그 또한 주님이 그를 훈련시키시는 과정이다.
사랑은 내 마음을 앞세우지 않고
(기다려)주는 것이다.

축복이 축복으로
돌아오는 기적

온라인 오프라인을 넘나들며
고객 혹은 거래처 대표님들과 만날 때,
나는 이 말을 꼭 한다.

"당신의 성공과 행복이 제 꿈입니다.
제게 당신의 변화에 기여할 수 있는
기회를 주셔서 감사합니다.
당신을 주께 하듯 섬기겠습니다."

매일 새벽 나는 오늘의 만남을 위해 기도한다.
그들이 하나님의 복을 넘치도록 받기를.

그런데 신기하게도 그날 만난 사람들이 이런 말을 해온다.

"대표님, 대표님이 행복한 모습을 보니까
제가 너무 행복합니다.
대표님이 진심으로 앞으로도 계속 행복했으면 좋겠어요."

크리스천들은 이런 말을 했다.
"대표님, 제가 기도하는데 이상하게도
계속 대표님 생각이 났어요.
저도 모르게 대표님이 행복하길 기도하고 있더라고요.
저를 위한 기도를 하는데
대표님 기도가 자연스럽게 나왔습니다."

직원들과 주변 지인들은
함께 식사를 하면서 이렇게 말했다.

"당신이 잘되니까 내가 잘된 것처럼
너무 기쁘고 자랑스러워요."

전국 각지의 목사님들도 연락을 주셨다.
"작가님, 잘 살아내주셔서 감사합니다.
세상에서도, 교계에서도
선한 영향력을 끼쳐주셔서 감사합니다."

다양한 연령대, 다양한 영역의 사람들을 만났지만
많은 분이 내 행복을 위해 기도해주고, 응원해주고,
축복해주는 걸 보면서 가슴이 뭉클했다.
그래서 나는 이렇게 기도했다.

"주님, 제가 무엇이기에 이토록 과분한 사랑을 주십니까?
주님이 주신 것을 다시 돌려줬을 뿐인데,
왜 이렇게 제 삶에 감당할 수 없을 만큼
큰 축복을 주시는 건가요?"

그때 말씀 한 구절이 떠올랐다.

주라 그리하면 너희에게 줄 것이니
곧 후히 되어 누르고 흔들어 넘치도록 하여
너희에게 안겨주리라
너희가 헤아리는 그 헤아림으로
너희도 헤아림을 도로 받을 것이니라 눅 6:38

내가 다른 사람에게 기버 giver 가 되어주면,
하나님이 나에게 기버가 되어주신다.

쓰임 받기 위해 우리가 해야 할 일

주님과 세 사람이 달리기 경주를 한다고 생각해보자.
세 사람은 각각 골인 지점에 들어가는 시간이 달랐다.
첫 번째 사람은 주님보다 먼저 들어갔고,
두 번째 사람은 주님과 동시에 들어갔고,
세 번째 사람은 주님보다 뒤에 들어갔다.
그들에게는 각각 다른 명칭이 부여됐다.

주님보다 먼저 들어간 사람에게는
'주의 길을 예비하는 자'.
주님과 동시에 들어간 사람에게는
'주님과 동행하는 자'.
주님보다 뒤에 들어간 사람에게는
'주님을 따르는 자'.

이 이야기를 통해 배울 수 있는 교훈은
우리를 향한 주님의 계획이 모두 다르고,
각자의 위치에서 해야 할 일이 있다는 것이다.
즉 주님이 우리에게 원하고, 기대하고,
요구하는 바가 다 다르다는 거다.
따라서 비교는 무의미하다.

그런데 너무도 많은 그리스도인이 끊임없이
자신을 잘나 보이는 누군가와 비교하면서
스스로를 폄하하고 불행을 선택한다.
혹은 자신의 잣대로 다른 사람을
함부로 판단한다.

100미터 달리기 선수가 마라톤 선수를 보며
"나는 왜 저 사람처럼 오래 못 뛸까?"라고 하거나
100미터에서 좋은 성적을 거두었다고 해서
마라톤 선수를 향해
"너는 왜 그렇게 느려?"라고 판단해선 안 된다.
사탄은 끊임없이 속인다.
주님을 바라보는 것이 아니라 사람을 바라보게 하고,
나를 바라보는 주님의 시선이 아니라
나의 부족한 모습과 상대방의 대단한 모습에
시선을 돌리게 함으로써
점점 비교하게 만들며 우리를 넘어뜨린다.

몇 년 전에 내가 베스트셀러 작가가 되고,

여러 방송 프로그램에 출연하고,
전국을 다니며 간증과 강연을 할 때였다.
오전 일정을 일찍 마치고 교회 근처를 지나가는 길에
교회에 잠시 들러서 기도를 했다.
30분 정도 지났을 때,
기척이 느껴져서 뒤돌아봤더니
한 여자 집사님이 계셨다.
그 집사님은 아무도 없는 시간에 홀로 와서
예배당과 식당, 교회 건물 구석구석을 청소하고 있었다.
본인 순서도 아닌데, 아무도 시키지 않았는데 말이다.

집사님이 내게 수줍게 고백했다.
"제가 잘하는 게 별로 없어서요.

저는 대진 작가님처럼 글을 잘 쓰지도,
말을 잘하지도 못하고,
많은 사람에게 영향력을 끼치지도 못해요.
그런데 제가 예전부터 청소 하나는
잘한다는 말을 들었거든요.
그래서 교회 청소라도 해서
이렇게 작게라도 쓰임 받고 싶었어요."

그 말을 듣고 나는 이렇게 말했다.
"집사님, 주님의 시선으로 바라보면
오히려 저보다 집사님이 훨씬 더
크게 쓰임 받고 계신 거예요.
주님은 아무도 알아주지 않고, 아무도 헌신하지 않으려는 그 낮은 자리에 계시거든요.

저는 오늘 집사님 모습을 보며 주님을 만난 것 같아요.

그리고 정말로 크게 쓰임 받는 사람의 모습을 봤어요."

집사님은 내 말이 마치 자신을 위로하는

주님의 음성처럼 들렸다며 눈물을 흘리셨다.

각자의 자리에서 우리가 해야 할 것은

'비교'가 아닌 '사랑'임을

그날 나는 배울 수 있었다.

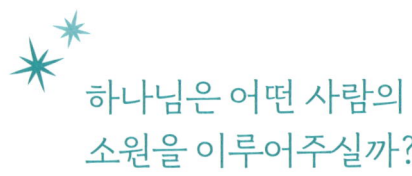

하나님은 어떤 사람의 소원을 이루어주실까?

시편과 잠언을 가만히 묵상해보면
하나님이 어떤 사람의 소원을 이루어주시는지 알 수 있다.

첫째, 하나님을 의뢰하고 선을 행하는 사람은
신실하신 하나님의 도우심을 받는다.

여호와를 의뢰하고 선을 행하라 땅에 머무는 동안
그의 성실을 먹을거리로 삼을지어다 시 37:3

둘째, 하나님 안에서 기쁨을 찾는 사람의
마음의 소원을 이루어주신다.

또 여호와를 기뻐하라

그가 네 마음의 소원을 네게 이루어주시리로다 시 37:4

셋째, 하나님께 내 삶을 맡기고 의지할 때
하나님이 이루신다.

네 길을 여호와께 맡기라
그를 의지하면 그가 이루시고 시 37:5

너의 행사를 여호와께 맡기라
그리하면 네가 경영하는 것이 이루어지리라 잠 16:3

넷째, 하나님을 경외하는 사람의 기도에
귀를 기울이시고, 그를 격려하신다.

여호와여 주는 겸손한 자의 소원을 들으셨사오니
그들의 마음을 준비하시며 귀를 기울여 들으시고 시 10:17

그는 자기를 경외하는 자들의 소원을 이루시며
또 그들의 부르짖음을 들으사 구원하시리로다 시 145:19

**다섯째, 소원을 성취할 수 있도록 필요한 역량을
준비시킨 후, 하나님의 때에 이루신다.**

지식 없는 소원은 선하지 못하고
발이 급한 사람은 잘못 가느니라 잠 19:2

게으른 자는 마음으로 원하여도 얻지 못하나
부지런한 자의 마음은 풍족함을 얻느니라 잠 13:4

매일 주님과 동행하며 가슴 뛰게 사는 법

나는 매일 새벽 5시쯤 집 앞에 있는 교회로 간다.
그리고 교회 예배당에 앉아
새 날을 주신 하나님께 감사하며,
오늘도 하나님의 선하신 계획과 뜻을 위해 살 수 있도록
내 마음을 지켜주실 것과,
하나님이 맡기신 일을 잘 감당할 수 있는
지혜를 주시길, 또 성령 충만하여
죄와 유혹 등 여러 공격으로부터
보호해주실 것을 기도한다.
하나님이 보내주신 모든 현장에서
하나님의 임재를 생생하게 경험할 수 있도록,
하나님이 주인 되신 일터에서
하나님의 충성된 청지기로서 임하도록,

하나님이 만나게 하신 사람들을 대할 때
주께 하듯 할 수 있도록
결단과 감사의 기도를 한다.

그러면 기도를 하는 것만으로도
가슴이 뜨거워지는 것을 느낀다.

단 한 번을 만나더라도
누군가의 삶에 소중한 의미를 더하는
선물이 되게 해주시기를.
그 사람이 예수를 믿든지 믿지 않든지 관계없이
눈에 보여지는 내 삶을 통해
보이지 않는 하나님이 드러나기를.

누군가를 돕고 싶은 마음을 주신 것도,
도울 수 있는 힘을 주신 것도 주님이시기에
그 힘을 주님이 기뻐하시는 곳에
지혜롭게 잘 쓸 수 있게 해달라고 기도한다.
그리고 나와 우리 회사가 한 사람이라도
더 많은 사람의 삶에 유익을 주고
남을 윤택하게 하는 일에 축복의 통로로
쓰임 받을 수 있도록 기회를 달라고 기도한다.
그러면 나는 그날 하루 동안
놀랍게 역사하시는 하나님을 매일 경험한다.
기적을 달라고, 복을 달라고 기도하는 게 아니라
기적 자체이신 주님, 복의 근원되신 주님이
나와 함께하시면,

그 삶 자체가 이미 기적이고 복이다.

사랑하는 사람을 위해서는 이렇게 기도한다.
"주님, 이 친구가 하나님의 사랑을 더 생생하게 느끼고,
새 힘을 얻고, 영혼의 깊은 위로를 얻는 일에
제가 하나님이 일하시는 축복의 통로가 되게 해주세요.
이 친구가 더 행복해지도록 돕기 위해
제가 해야 할 일이 무엇일까요?"
그러면 그 사람과 함께하는 순간이 정말 애틋해진다.
존재만으로 감사하게 된다.

멘티, 직원, 동역자 들을 위해서는 이렇게 기도한다.
"주님, 저를 통해 예수님을 믿게 되고

비전을 품게 된 영혼들이 많습니다.
저는 이들의 꿈을 지켜줄 책임이 있습니다.
이들을 위해서라도 저는 주 안에서
더 잘 살아내야만 합니다.
이들에게 더 많은 성장의 기회가 주어질 수 있게
저를 사용해주십시오.
하나님의 나라를 위해서
제가 더 많은 책임감을 갖길 원합니다."
그러면 내 안에 부어주시는 하나님의 마음을 느끼며
맏음으로 나아가게 된다.
하나님의 말씀을 묵상하기 전후에는 이렇게 기도한다.
"하나님, 제가 너무 부족합니다.
하지만 모르면 배우겠습니다. 가르쳐주십시오.

제게 말씀해주십시오.
가르쳐주시면 변명하지 않겠습니다.
핑계 대지 않겠습니다. 미루지 않겠습니다.
하나님 말씀이라면 기쁜 마음으로 즉각 순종하겠습니다.
제가 주님이 기대하시는 수준의 사람으로
성장할 수 있도록 저를 훈련시켜주십시오."
그러면 내 하루는 매우 충만한 기쁨과 열정으로
가득해진다.

일터에서 하나님과 동행하면 어떤 일이 벌어질까?

매일 아침 회사에 출근해서

직원들과 묵상을 한 뒤, 우리는 이렇게 기도한다.

다니엘의 기도

*"전에 하던 대로 하루 세 번씩 무릎을 꿇고 기도하며
그의 하나님께 감사하였더라."* 단 6:10

아침

1. 오늘도 이 일터를 허락하신 하나님께 감사드립니다. 하나님의 충성된 청지기가 되어, 중요한 일이든 하찮은 일이든 모든 일을 주께 하듯 하게 하소서! 골 3:23
2. 이 일터의 CEO는 하나님이십니다. 사람의 인정을 구하지 않게 하시고 하나님의 보이지 않는 손을 의지함으로 일터에서 인정받는 자가 되게 하소서! 벧전 5:6

3. 이 일터는 하나님께서 맡겨주신 하나님의 사업장입니다. 업무에 집중하게 하시고, 욕심에 사로잡혀 그릇되게 행하지 않게 하소서! 시 131:1

4. 풍성한 성과를 주소서. 일터의 경영자로서 선한 수익시 107:37-38, 잠 21:5을 위한 올바른 의사결정을 내리게 하시고 모든 업무에 하나님의 능력을 더하소서! 출 4:2; 4:20

5. 축복의 통로가 되게 하소서. 업무를 통해 만나는 모든 사람들, 고객들과 거래처가 저로 인해 유익을 얻게 하소서! 창 39:5

점심

1. 분주한 업무 가운데서도 저의 영혼을 보호하소서. 하나님의 음성에 민감하여 오후 일과 속에서도 일의 즐거움을 경험하게 하소서! 시 40:1

2. 예수 그리스도의 섬김과 희생을 닮게 하소서. 그리하여

제 삶의 모습과 업무의 성과가 사람들에게 모델이 되어
평화의 도구가 되게 하소서!^{마 5:16, 요 13:14}

3. 일터에서 우선순위를 분별하게 하소서. 한정된 시간과
많은 일들 가운데 하나님께서 맡기신 시간을
효율적으로 사용하게 하소서!^{골 4:5}

4. 일터에서 구별된 삶을 살게 하소서. 세속적 가치관과
문화 속에서도 다니엘과 같이 하나님의 뜻대로 살아가는
지혜와 용기를 주소서!^{단 1:8}

5. 업무로 지쳐 있는 저와 직원들에게 새 힘을 주소서.
오후 업무에서도 성과를 거둘 수 있는
지혜와 능력을 더해 주소서!^{사 40:31}

저녁

1. 오늘 하루의 삶 속에서 하나님이 저와 함께하여 주심에 감사드립니다.^{시 121:1-8}

> 2. 제가 감당한 모든 일이 하나님께 영광이 되게 하시고
> 일터에 유익이 되게 하소서! 고전 10:24; 10:31; 10:33, 잠 11:25, 마 5:16
>
> WMTC 직장사역훈련센터

직장사역훈련센터 대표이신
최영수 목사님께서 만든 '다니엘의 기도'다.

나는 매일 우리가 빛과 소금으로서
누군가의 삶에 기쁨이 되기를 기도한다.
"하나님께서 예수님을 우리에게 선물로 주셨고,
예수님께서 자신을 우리에게 선물로 주셨듯이
저도 제가 만나는 모든 사람에게

아름다운 소식사 61:1을 전하고

그들을 기쁘게 하는 선물이 되길 원합니다."

한번은 유명 기업에서 스카우트 제의를 받은 적이 있다.

그때 나는 대표님과 온라인 미팅을 하는 자리에서

이렇게 말했다.

"대표님, 저는 크리스천입니다.

저는 그날 만나게 될 모든 사람을 위해

매일 새벽에 기도합니다.

당연히 오늘 새벽에는 대표님을 위해 기도했습니다.

협업이 이루어지든, 다음을 기약하든 결과에 관계없이

저는 이 만남이 대표님께 소중한 선물이 되길 기도했습니다.

제가 대표님의 가정과 기업과 건강,

그리고 앞으로의 미래를 위해
축복 기도를 해드려도 될까요?"
그러자 그분은 흔쾌히 내 제안을 받아들였다.

지금까지 내가 기도를 해드린다고 했을 때
거절했던 사람은 단 한 명도 없었다.
한 사람을 위해 온 마음을 담아 축복 기도를 하고 나면,
신기하게도 그 과정에서 감동하여 눈물이 터지거나,
과거의 상처를 꺼내놓거나,
자기의 사연을 솔직하게 고백하곤 한다.
그리고 예수님을 믿고 싶다는 고백을 듣기도 한다.
그럴 때마다 나는 다시 한번 깨닫는다.
'아, 진짜 전도도 하나님이 하시는 거구나.

이건 진짜 내가 하는 게 아니구나.'

또 다른 대표님은
내가 기도를 해드리니 이렇게 고백했다.
"사실 저는 종교가 없고, 기독교에 대한 반감도
가지고 있는 사람입니다. 그런데 오늘 대표님과의 만남을 통해
처음으로 신비한 감정을 느꼈습니다.
비즈니스 미팅에서 축복 기도를 해주시는 분도 처음이었고,
기도가 아무런 거부감이 없이 제 마음 속에 스며든 것도
살면서 처음 있는 일이었습니다.
대표님의 이야기에 가슴이 뛰고 뜨거워졌습니다.
크리스천이란 이렇게 사는 사람이군요.
정말 놀랍고 멋있는 삶입니다.

전대진 대표님이 더 많은 사람에게
가치를 창조할 수 있도록 저희가 돕고 싶습니다!
함께해주셔서 영광입니다."

나는 중요한 비즈니스 미팅이 있으면
항상 두 가지 메시지를 전했다.

"첫째, 저는 가치를 창조하는 기버Giver입니다.
제가 하는 모든 일의 목적은,
사람들의 삶에 긍정적인 변화를
불러일으키는 것(가치 창조)입니다.
저는 남을 윤택하게 하면
저 또한 윤택해질 것잠 11:25을 믿습니다.

그래서 '당신의 성공과 행복이 제 꿈입니다'가
저희 회사의 슬로건 입니다."

"둘째, 저는 크리스천입니다.
제가 만나는 사람들은 '한 사람'이기 전에
'하나님의 형상'입니다.
그렇기에 사람을 수단화하지 않고
존재 자체로서 존중해야 합니다.
자본주의에서는 사람을 '상품'으로 대하지만,
성경은 '작품'이라고 합니다.
사회에서는 '수익의 파이프라인'을 늘리라고 하지만,
저는 고객의 유익을 위해
제가 '블레싱 파이프'가 되길 추구합니다.

왜냐면 제가 최고의 가치라고 믿는 하나님께서
무슨 일을 하든지 마음을 다해 주께 하듯 하라고
말씀하셨기 때문입니다.
또한 저는 크리스천이기 때문에 의사결정을 내릴 때,
아무리 솔깃하고 달콤한 제안일지라도
그것이 제 사명의 진척에 도움이 되지 않고
사명을 왜곡하게 만드는 일이라면 거절합니다.
당장에 덜 매력적이더라도 '정직'이 최우선입니다.
하나님의 형상을 속이는 일은 할 수 없습니다."

나는 크리스천으로서 스킬보다 본질에 집중하고,
진정성으로 승부했다.
기도하고 시도하면 하나님이 기회를 주셨다.

비즈니스 현장이 순식간에
하나님의 임재를 경험하는 선교 현장이 되었고,
사업의 결과는
메아리처럼 풍성한 결실이 되어 돌아왔다.
그러면 세상 사람들은 늘 고백했다.
"크리스천은 정말 멋진 삶을 사는 존재군요.
그런 삶을 살 수 있는 비결과 원동력은 무엇입니까?"
그때마다 나는 웃으며 대답했다.
"비결이요? 단순합니다.
제가 믿는 하나님은 정말로 멋있는 분이거든요.
세상에서 가장 멋있는 분이죠!"

일터는 단순히 돈만 버는 곳이 아니다.

가장 많은 불신 영혼을 만나는 현장이고,
우리의 진짜 신앙이 드러나는 자리다.
우리가 빛과 소금으로 살아내야 할 자리이고,
주님이 우리를 통해 그분의 뜻을 이루시는
소명의 자리이다.
우리는 이곳에 파송받은 일터 사역자이고, 일터 선교사다.
우리는 직업을 통하여 하나님을 영화롭게 하고,
하나님 사랑과 이웃 사랑을 실천하는 사람들이다.
우리는 일터에서도 그리스도의 증거로 사는 사람들이다.
하나님과 동행하며 누군가의 삶에 선물이 되는 것!
그게 그리스도인의 성공이다.

하나님과 '동행'하는 것과 하나님과 '교제'하는 것의 차이

'목표 중심형'의 사람이 있고,

'관계 중심형'의 사람이 있다.

이것은 옳고 그름의 영역이 아니라 다름의 영역이다.

그런데 이 둘의 균형을 맞추는 건 매우 중요하다.

어느 한쪽으로 치우치면 필연적으로 문제가 생긴다.

목표 중심형인 사람은 일을 잘한다.

성과를 잘 내고, 선택과 집중을 잘한다.

관계 중심형인 사람은 관계를 잘 맺는다.

사람을 잘 챙기고, 대화와 포용을 잘한다.

이 둘은 강점과 약점이 명확하다.

한쪽의 강점이 다른 쪽의 약점이고,

한쪽의 약점이 다른 쪽의 강점이다.

그래서 사람은 서로 도울 수 있도록 함께 일해야 한다.

예수님은 이 두 가지를 모두 잘하셨다.
인류의 죄를 구원하시려고 이 땅에 오셔서
죽으시기까지 순종하신 목표 중심형이었고,
한 영혼을 온 세상보다 귀하게 여기시고
언제나 남의 유익을 구하신 관계 중심형이기도 했다.
예수님이 내 인생의 주인이 되시면,
사적으로는 주님과 교제하게 되고
공적으로는 주님과 동행하게 된다.

우리는 주님과의 교제를 통해 마음의 변화를 받아
힘과 능력과 지혜를 공급받는다.

그리고 세상으로 나가 주님과 동행하면서
삶의 모든 현장에서 주님의 일을 하며
변화를 일으키는 삶을 살게 된다.
이 둘은 떼려야 뗄 수 없는 관계다.

하나님과 동행한다는 것은
삶의 모든 현장에서 하나님의 청지기로서
'일(경영)'을 하고 '변화'를 일으키는 거다.
하나님과 교제한다는 것은
하나님 앞에 나아가 하나님의 자녀로서
하나님과 '깊은 사귐의 대화'를 나누는 것이다.

전자가 아웃풋과 실행이라면,

후자는 인풋과 공급이라 할 수 있다.
교제 없이 일만 하면 번아웃이 오고,
일은 안 하고 교제만 해도 문제가 생긴다.

나는 목표 중심형에 가깝다.
때로는 나의 강점이 약점으로 작용할 때가 있다.
나의 빠른 실행력이 주님보다 앞서기도 하고
목표에 대한 열정 때문에 주님을 잊어버리기도 한다.
그래서 가장 중요한 것이
주님과 교제하는 시간을 사수하는 것이다.
실행력이 빠르고 열정적이고 진취적인
목표 지향형인 사람들은
주님과 교제하는 시간을 사수해야 한다.

그 시간이 사라지면 점점 소진될 것이고
결정적인 순간에 교만해지거나 지쳐서 넘어질 수 있다.
이와 반대로 관계 중심형인 사람들은
능력 주시고 함께하실 주님을 의지하면서
새롭게 시도하고 도전할 필요가 있다.

하나님과 교제하고 동행함으로써
삶의 균형을 잘 잡아야 한다.
하나님의 일을 잘 감당하기 위해서는
반드시 하나님과의 관계를 잘 맺어야 한다.
하나님의 사람으로서 잘 살아내기 위해서는
하나님 앞에서 머무르는 시간이 필요하다.

하나님이 쓰시는 사람에게는 계획이 있다

한 해 계획을 세우지 않는 건
실패를 계획하는 것과 같다.

하나님이 주신 모든 기회를
유용하게 활용하려면
기회를 잡을 계획이 내 손에 있어야 한다.

지나온 시간을 돌아보면,
하나님은 내게 수없이 많은 기회를 주셨다.
알게 모르게 얼마나 많은 기회들이
나를 스쳐갔는지 모른다.
아니, 기회가 온 줄도 모르고 지나갔을 수 있다.
따라서 우리에게는 두 가지 요소가 필요하다.

1. 기회를 기회로 알아볼 수 있는 눈이 필요하다.
2. 기회를 활용할 수 있는 실제적 역량이 필요하다.

하나님이 주신 기회를 기회로 알아차리고 발견하는 사람은
기도로 준비된 사람이다.
기도를 바탕으로 시도할 때,
실제적인 역량이 준비된 사람만이
기회를 잡고 활용할 수 있다.
하나님은 나를 향한 그분의 계획을 이루시기 위해
매 순간 다양한 모습의 은혜들을 베풀어주신다.
그 은혜를 우리의 입장에서 바라보면 '기회'다.
따라서 우리가 계획해야 할 일은 두 가지다.

첫째, 하나님이 우리에게 기회를 주시도록
때를 따라 돕는 은혜를 위해 기도해야 한다.

둘째, 하나님이 기회를 주셨을 때
그것을 알고 활용할 수 있도록
실제적인 역량을 준비해야 한다.

하나님의 인도하심과 도우심을 경험하는 사람은
하나님께 나아가는 사람이다.
즉, 기도하는 사람이다.
하나님을 가까이 하고, 하나님 앞에서 살고,
하나님을 경외하며, 하나님을 의지하고,
하나님 앞에 나아가 부르짖는 사람이다.

기도하는 사람은
자신이 하나님이 없으면
나는 아무것도 할 수 없음을 고백하며
날마다 하나님의 뜻을 구한다.
하나님의 뜻을 구하는 사람은
반드시 하나님의 뜻이 담긴 말씀을 읽고 묵상한다.
따라서 크리스천이 세우는 계획 안에는
반드시 하나님의 말씀을 읽고, 깊게 묵상하고
기도하며 삶으로 살아내는 경건 훈련이 있어야만 한다.

하나님의 말씀을 묵상하고
말씀을 통해 하나님의 뜻과 심정을 깨달은 사람은
믿음으로 시도한다.

진짜로 예수님을 주인으로 믿고
하나님의 은혜를 경험한 사람은
절대로 가만히 있을 수 없다.
우리를 죄와 사망으로부터 구원하기 위해
자기 자신을 내어주시기까지 주님의 사랑을
경험한 사람은 한 영혼의 소중함을 안다.
따라서 영혼 구원, 복음 전도가 내가 하는 모든 일의
궁극적인 목적이 된다.

이 사명을 이루기 위해서는
명확하고도 구체적인 비전이 반드시 있어야 한다.
내 힘으로 할 수 없기에 하나님의 은혜를 구하며
구체적인 행동 계획을 세우는 것이다.

겸손한 사람은 기도하고 계획한다.
우리는 모두 연약한 인간이라서
질서 없이 살면 방탕해진다.
계획이 없으면 쉽게 궤도를 이탈하고 산만해진다.
산만해지면 집중할 힘을 잃어버리고,
집중하지 못하면 결국 어떤 것도 이루지 못하고
인생이 불행해진다.

사람은 금방 기도하고 결단했다가도
얼마 안 가서 쉽게 잊어버린다.
계획은 반드시 세워야 한다.
MBTI에서 P인가, J인가는 아무 상관이 없다.

기도하지 않는 사람은 교만하다.
하나님의 도움 없이 내 힘으로
얼마든지 할 수 있다고 생각하기 때문이다.
계획을 세우지 않는 사람도 교만하다.
계획 없이도 얼마든지 자신의 할 일을
완벽하게 해낼 수 있다고 생각하기 때문이다.

계획(시간 관리)은 청지기로서 가져야 할 기본 자세다.
우리는 이 '청지기 정신'을 갖고 살아야 한다.
하나님이 내게 맡기신 모든 자원(시간, 재물, 재능 등)을
가장 효과적으로 그분이 기뻐하시는 뜻대로 관리하려면,
청지기 훈련을 반드시 해야 한다.
그렇지 않으면 심각한 문제가 생길 수 있다.

따라서 하나님의 자녀이자 각자의 영역에서
사명자이자 예배자, 청지기로 부름 받은
모든 크리스천은
두 가지 계획을 꼭 세워야 한다.

1. 경건 생활에 대한 계획(영성의 영역)
2. 역량 개발에 대한 계획(전문성의 영역)

존귀한 인생은
하나님의 계획과 나의 계획이 일치하는 인생,
하나님의 계획 속에 나를 내던지는 인생이다.
예수님은 자신을 세상 가운데
보내신 하나님의 뜻을 명확히 알았고,

자신이 누구인지를 알았고, 자신이 해야 할 일을 알았다.
그리고 그대로 사셨다.

아버지께서 내게 하라고 주신 일을
내가 이루어 아버지를 이 세상에서 영화롭게 하였사오니 요 17:4

대제사장이 이르되 내가 너로 살아 계신 하나님께 맹세하게 하노니
네가 하나님의 아들 그리스도인지 우리에게 말하라
예수께서 이르시되 네가 말하였느니라 마 26:63-64

하나님을 믿는 사람은 자신의 일을
가정과 교회와 세상에 연결하는 통로로 삼기 마련이다.
따라서 크리스천이 세우는 계획 안에는

하나님이 주신 사명과 비전을 이루기 위해
실제 삶의 현장에서 필요한 모든 역량을
개발시키는 계획이 있어야만 한다.

하나님이 책임져주시는 인생

성경에는 하나님께서 어떤 사람의 인생을
책임져주시는지 분명히 나와 있다.
특히 잠언과 시편을 유심히 보면 곳곳에서 말씀해주신다.

첫째, '하나님만 온전히 신뢰하고 의지하는 사람'이다.

너는 마음을 다하여 여호와를 신뢰하고
네 명철을 의지하지 말라
너는 범사에 그를 인정하라
그리하면 네 길을 지도하시리라 잠 3:5-6

둘째, '하나님의 말씀을 묵상하고 따르는 사람'이다.

복 있는 사람은 악인들의 꾀를 따르지 아니하며

죄인들의 길에 서지 아니하며
오만한 자들의 자리에 앉지 아니하고
오직 여호와의 율법을 즐거워하여
그의 율법을 주야로 묵상하는도다
그는 시냇가에 심은 나무가 철을 따라 열매를 맺으며
그 잎사귀가 마르지 아니함 같으니
그가 하는 모든 일이 다 형통하리로다 시 1:1-3

셋째, '겸손히 하나님을 경외하는 사람'이다.

겸손과 여호와를 경외함의 보상은
재물과 영광과 생명이니라 잠 22:4

넷째, '하나님이 기뻐하는 길을 가는 의로운 사람'이다.

여호와께서 사람의 걸음을 정하시고
그의 길을 기뻐하시나니
그는 넘어지나 아주 엎드러지지 아니함은
여호와께서 그의 손으로 붙드심이로다 시 37:23-24

다섯째, '하나님을 사랑하는 사람'이다.

나를 사랑하는 자들이 나의 사랑을 입으며
나를 간절히 찾는 자가 나를 만날 것이니라 잠 8:17

하나님이 이르시되
그가 나를 사랑한즉 내가 그를 건지리라
그가 내 이름을 안즉 내가 그를 높이리라
그가 내게 간구하리니 내가 그에게 응답하리라

그들이 환난당할 때에 내가 그와 함께하여
그를 건지고 영화롭게 하리라 시 91:14-15

하나님,
어떻게 해야 할까요?

초판 1쇄 발행 | 2025년 5월 1일
초판 2쇄 발행 | 2025년 7월 1일

지은이 | 전대진

펴낸이 | 공태훈
펴낸곳 | 하온
출판등록 | 2021년 1월 26일(제2021-000050호)
주소 | 서울시 강동구 천중로 213, 621호
전화 | 02-739-8950
팩스 | 02-739-8951
메일 | ondopubl@naver.com
인스타그램 | @ondopubl

© 2025, 전대진
ISBN 979-11-92005-65-2

■ 이 책 내용의 일부 또는 전부를 재사용하려면 반드시 저작권자와 하온의 동의를 얻어야 합니다.
■ 잘못된 책은 구입하신 서점에서 교환해드립니다.